よくわかる

家族葬のかしこい進め方

杉浦 由美子
(株)青山サテライトサービス
代表取締役

河嶋 毅
「NPO 家族葬の会」
代表理事

著

一般的な仏式葬儀の、臨終から初七日までの流れ

現在、日本のお葬式の大半が仏式で行われています。家族葬の場合も、仏式をベースにして、無宗教式の要素を取り入れた新感覚の葬儀が増えてきています。

臨終の看取りから遺体搬送まで

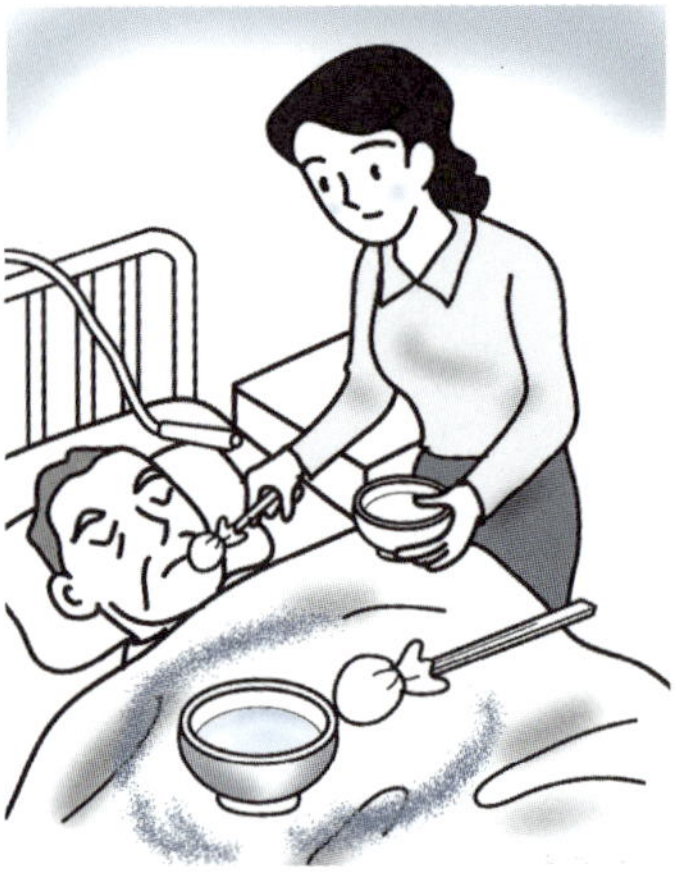

血縁の濃い順に末期の水をとる

退院手続きをし、死亡診断書を受け取る

内輪だけの家族葬を予定している場合は※参照

- 末期の水(死に水)をとる(臨終に立ち会った人全員で、血縁の濃い順に、死者の唇を湿らせる)
- 遺体の清拭と衛生処置(エンゼルケア)が行われる
- 病院で死亡した場合は、霊安室に仮安置される
- 親族などへ死亡の連絡をする
  ※葬儀に参列してほしい人にだけ連絡する
- 退院手続きをし、死亡診断書(死体検案書)を受け取る
- 葬祭業者が決まっていれば連絡し、遺体の搬送を依頼する(決まっていなければ、病院が紹介する葬祭業者にとりあえず搬送だけを依頼するか、相談センターに尋ねて紹介してもらう。互助会に入っている場合は連絡する)
- 主治医や看護師に挨拶をする
- 自宅または斎場に遺体を安置する準備をする

通夜・葬儀の打ち合わせと連絡

故人の預貯金を葬儀費用にあてる場合は、死亡届を提出する前に口座から引き出しておく

葬儀・告別式の連絡は参列してほしい人だけに絞る

葬儀のイメージが固まったら、見積書を書き出してもらい、細かくチェックする

- 遺体を自宅や斎場へ搬送する
- 喪主を決める
- 世話役を決める（葬祭業者の手を借りることができる）
- 遺族間で葬儀のやり方や予算などについて話し合う
  ※葬祭業者に依頼する前に、どのようなスタイルの葬儀が故人にふさわしいかを考えて、イメージを固める
- 葬祭業者に正式に依頼し、通夜・葬儀の日程、形式、場所、規模などについて打ち合わせをする
  ※いくつかの葬祭業者にあたり、比較検討して、小規模葬儀に慣れているところに依頼する
- 葬祭業者から見積書を出してもらい、確認する
- 死亡届を書いて提出し、死体火葬許可証交付の手続きをする（葬祭業者に手続きを代行してもらうことができる）
- 知人や関係者に通夜、葬儀・告別式の日取りと場所を連絡する
- 菩提寺に葬儀を依頼し、戒名をつけてもらう
  ※菩提寺がない場合は、葬祭業者にお寺を紹介してもらう
- 遺影用の写真を選び、手配する
- 必要資金を準備する

遺体の安置と納棺、通夜の準備

死装束は、故人が好んでいた服や着物、遺族として着せてあげたいものでもよい

喪主や遺族は通夜から喪服を着用する

通夜ぶるまいの料理は、参列者にひととおり行き渡る程度の軽食や酒を用意する

- 遺体を安置する
- 枕飾りを整える
- 僧侶に枕経をあげてもらう
  ※家族葬では枕経は省略されることが多い
- 故人の死出の衣装を準備し、着替えさせる
- 遺体を棺に納める（納棺）
- 喪服に着替える
  ※内輪だけの家族葬なら服装は自由だが、僧侶を招くときは喪服を着用するのが礼儀
- 故人が自宅に帰った場合は、自宅から斎場へ搬送する
- 受付などの準備をする
- 通夜の席次・焼香順を確認する
- 会葬礼状・返礼品を確認する
- 通夜ぶるまいの準備をする
- 僧侶の接待の準備をする
- 喪主の挨拶（通夜終了時と通夜ぶるまい終了時の挨拶）の準備をする

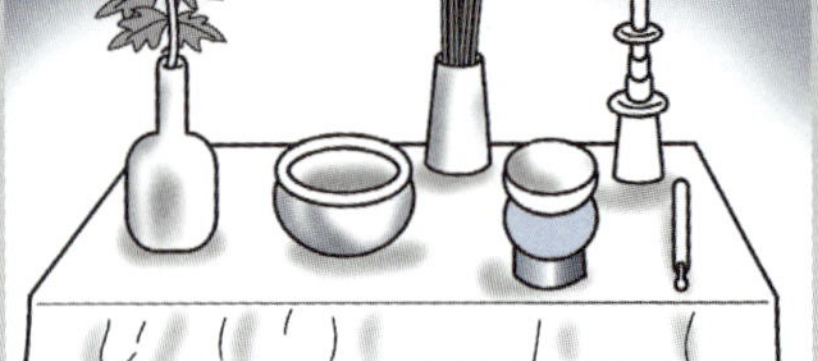

通夜開始から通夜ぶるまいまで

僧侶と通夜の打ち合わせをする

僧侶や弔問客が帰ったあとは、家族や親族が夜通し故人を守るのがしきたり

- 僧侶が到着したら、通夜の打ち合わせをする
- 弔問客の受付が始まる
- 一同着席する
- 僧侶入場・通夜開始
- 焼香を終えた弔問客から、順に通夜ぶるまいに案内する
- 通夜終了・僧侶退席
- 僧侶に謝礼を渡し、通夜ぶるまいの席に案内する
- 喪主は弔問客に挨拶をし、状況に応じて遺体と対面してもらう
- 遺族も通夜ぶるまいに加わる

※参列者が身内だけなら、とくに料理の用意はせず、故人の好物を手づくりして一緒にいただく方法もある

- 喪主または親族代表が通夜終了の挨拶をする
- 僧侶を見送る
- 通夜終了後は家族・親族が夜通し故人を守る

※自宅以外の斎場で通夜を行う場合は、遺体にひと晩中付き添えないところもある

葬儀・告別式の準備

斎場や火葬場の係員、霊柩車の運転手などに渡す心づけを用意しておく

供花・供物の並べ方には順位があるので、間違いがないように葬祭業者に確認してもらうとよい

- 供花、供物を整理し、並べ方を確認する
- 弔辞を依頼しておく
  ※少人数の家族葬では、特定の人が弔辞を朗読するより、全員がひと言ずつお別れのことばを述べることが多くなってきている
- 葬儀・告別式の席次・焼香順を確認する
- 葬祭業者と打ち合わせをする
- 弔電を整理し、司会者に渡す
  ※死去を広く知らせない家族葬では、弔電が届くことはほとんどない
- 火葬場へ行く人の確認と車の手配をする
- 棺を運ぶ人を決める
- 会葬礼状・返礼品を確認する
  ※参列者が少ない場合は、会葬礼状や返礼品は省略することが多い
- 遺骨迎えと精進落としの準備をする
  ※僧侶が時間的な都合で精進落としを辞退することもある。その場合は、近くのレストランなどで遺族と親族が会食をするスタイルでもよい
- 心づけを用意する
- 喪服に着替える
- 喪主の挨拶（出棺時の挨拶）の準備をする

葬儀の開始から告別式終了まで

弔辞や弔電を受けるときは、遺族は軽く頭を下げる

遺族や参列者は、式開始の15分前には着席する

弔問客の受付が始まる

一同着席する

※身内だけなら、喪主が僧侶の右後方に座ること以外、席次にこだわらなくてよい

僧侶が入場する

司会者は葬儀開式の辞を述べる

※家族葬でも式にけじめをつける意味で司会者を立てるのが一般的。司会者は葬祭業者が担当することが多い

僧侶によって読経・引導などの宗教儀式が行われる（浄土真宗では引導の儀式はない）

弔辞をささげる

司会者は弔電を紹介する

僧侶の読経、焼香のあと、喪主・遺族・親族が焼香する

会葬者の人数が多い場合は、司会者が告別式開始の辞を述べ、一般会葬者が焼香する

※家族葬の場合は葬儀と告別式を分けずに、続けて行うのがふつう

僧侶退場（控え室で遺族が僧侶をもてなす）

司会者が葬儀・告別式終了の挨拶を述べる

出棺から火葬・収骨まで

1人ずつ別れ花を入れて遺体のまわりを飾る

釘打ちは、軽く2回ずつたたく

喪主が一礼するときは、並んでいる遺族も一緒に頭を下げる

- 最後の対面・お花入れの儀を行う
- 釘打ちの儀式を行う
- 棺を霊柩車まで運ぶ
- 喪主は出棺の挨拶をする（参列者全員が火葬場へ同行する場合は、葬儀終了後に挨拶をする）

※一般会葬者がいない家族葬では、最後の対面をして、棺のふたが閉められた段階で、喪主が簡単に挨拶を述べる

- 火葬場へ出発する
- 死体火葬許可証を火葬場の係員に渡す
- 棺は炉の前に安置され、焼香台が設置される
- 僧侶の読経・焼香に続き、遺族、参列者が焼香する

※火葬場に僧侶が同行せず、焼香だけ行うケースもある

- 焼香がすむと、棺が炉に納められ、点火される
- 火葬の間、遺族、参列者は控え室で待機する
- 骨揚げを行う（お骨を遺族・参列者が2人1組になって収骨し、骨壷に納める）
- 遺骨と埋葬許可証を受け取って、帰宅する

還骨法要・初七日法要と精進落とし

後飾りは、四十九日法要まで設置しておく。その間、仏壇は閉じておく

精進落としの席では、僧侶や参列者にお礼を述べ、料理をふるまう

タイミングを見計らって、喪主か親族代表が精進落とし終了の挨拶をする

- 家に残っていた人は、後飾りの準備をする
- 火葬場から戻ってきた人は、手を洗い、塩を体にふりかけて身を清める
- 遺骨、位牌、遺影を後飾り祭壇に安置する
- 還骨法要を営む（僧侶に読経してもらい、喪主から順に焼香する）

  ※僧侶が火葬場に同行しない場合は、還骨法要の読経は省略し、初七日法要は式中に合わせて行われることが多い
- 引き続き、繰り上げ初七日法要を営む
- 喪主が、葬儀終了と精進落としへの案内を兼ねた挨拶をする
- 精進落としの宴を開き、喪主と遺族は僧侶や世話役をもてなす
- 1～2時間をめどに、喪主または親族代表が精進落とし終了の挨拶を述べる

家族葬のここが知りたい！

ここ数年、家族葬を希望する人からの相談件数が増えてきています。そのなかでもとくに目立つ質問をピックアップしてみました。

ここが知りたい！ 1

10人規模のこぢんまりとしたお葬式をしたいが、自宅は使いたくありません。どこかいい会場はあるでしょうか？

↓

家族葬を対象とした葬儀場が次々と開設されている（P112）

宿泊施設が整っているところなら、遺体にひと晩付き添うことが可能

ここが知りたい！ 2

ごく身近な親族だけでお式をするが、会葬礼状や返礼品は必要ですか？

↓

参列者が身内だけであれば、省略することが多い（P64）

用意するかどうかは、参列者の顔ぶれや人数によって決める

ここが知りたい！ 3

家族葬の費用は、どれくらいかかるのか教えてください。

↓

「基本料金」「一式」などの表記は、総費用ではない（P43）

葬儀社へ支払う費用には、寺院などへの謝礼は含まれない

ここが知りたい！ 4

宗教によらず、故人にふさわしい形で見送りたいのですが、どんな方法があるでしょうか？

↓

最近は宗教離れが進み、無宗教葬が増えている（P106）

音楽を流したり、メモリアルコーナーを設けるなど、演出は自由

ここが知りたい！ 5

本人が海への散骨を望んでいたが、どこに相談すればいいでしょう？

↓

海洋葬は、全国各地の民間企業や団体が行っている（P126）

遺族が乗船して散骨する方法と、業者に預ける委託散骨がある

ここが知りたい！ 6

家族葬を行うには、どんな葬儀社に依頼すればいいでしょうか？　選び方を教えてください。

↓

小規模葬儀に慣れている業者を選ぶことがポイント（P40）

葬儀に関する相談センターに尋ねると紹介してもらえる

はじめに

家族葬のメリットは、故人と心ゆくまでお別れができること

従来の葬儀には「地域葬」「社会葬」の意味合いがありましたが、最近は「個人葬」に変化してきています。その原因は核家族化と高齢化です。

ある相談者のケースですが、故人が92歳で、喪主を務める長男が66歳とのこと。故人の友人もほとんど亡くなられており、長男も現役を退いているため、喪主関係の参列者も少ないという理由で家族葬を選択しました。結果的に、家族も親族も満足されたようです。

家族葬の最大のメリットは、大勢の参列者の応対や式の進行に追われることがないだけに、故人とゆっくりお別れをして、心を込めて見送ることができる点です。

この本では、もっとも多く見られる仏式の家族葬をはじめ、宗教によらない無宗教葬、通夜だけで見送る通夜葬、火葬場でお別れをする火葬式、故人を海や大地などに散骨する自然葬、親しい人を招いて行うお別れ会について、それぞれ、演出のしかたや式の進め方を、写真とイラストを用いてわかりやすく解説してあります。

人生最後の舞台である葬儀は、やり直しがききません。悔いを残さないために、この本を役立てていただくことを願っています。

著　者

よくわかる 家族葬のかしこい進め方

もくじ

巻頭図解

一般的な仏式葬儀の、臨終から初七日までの流れ —— 2

家族葬のここが知りたい! —— 10

はじめに —— 11

序章 内輪で行う「家族葬」が急増している

「家族葬」は、少人数で営む家族中心の葬儀 —— 18

家族葬には、こんなメリット・デメリットがある —— 20

なぜ、都会で家族葬が増えてきたのか —— 22

家族葬は、宗教式でも無宗教式でも行える —— 24

そのほかの新しい葬儀・埋葬の形 —— 26

コラム

「死」を考えることは、「生」を見つめること —— 28

1章 **家族葬の生前準備**

1 元気なうちに、どんな葬儀にしたいかを考える —— 30
2 葬儀のプランニングは早いほどよい —— 32
3 尊厳死や臓器提供、献体を望む場合は —— 36
4 葬祭業者には、こんな種類がある —— 38
5 信頼できる葬祭業者を選ぶポイント —— 40
6 納得できる形で準備を進めるには —— 42

2章 **宗教式家族葬の進め方**

1 仏式葬儀の特徴と、主な宗派の作法 —— 46
2 家族葬では危篤の連絡に注意が必要 —— 48
3 臨終と家族の看取り —— 50
4 遺体を自宅か安置場所へ搬送する —— 52
5 自宅や外出先、遠隔地で死亡した場合は —— 54
6 遺体を安置して枕飾りをする —— 56
7 家族葬に慣れている葬祭業者を選ぶ —— 58
8 通夜、葬儀・告別式の日程と場所を決める —— 60
9 祭壇、遺影、棺の準備をする —— 62
10 家族以外の人が参列する場合は、喪主を決め、会葬礼状などを用意する —— 64

2章　宗教式家族葬の進め方

11　死亡届を提出し、火葬許可証を受け取る――66
12　納棺をして、僧侶に戒名を依頼する――68
13　通夜の準備・確認をする――70
14　家族葬でも喪主の挨拶は欠かせない――72
15　僧侶を招くときは喪服を着用する――74
16　家族葬での通夜はこのように行う――76
17　家族葬当日の準備をする――78
18　仏式の家族葬はこのように行う――80
19　最後の対面をして火葬場へ向かう――82
20　火葬場での儀式と収骨――84
21　骨迎えと還骨法要、精進落とし――86
22　葬儀後の事務処理と死亡通知――88
23　忌明けの法要と納骨式――90
24　忌明けの挨拶状と香典返し――92
25　法要の営み方――94
26　神式での家族葬の進め方――96
27　キリスト教式での家族葬の進め方――102

3章 自由葬の進め方

1 無宗教で行う家族中心の葬儀 —— 106
2 仏式をアレンジした新しい家族葬 —— 108
3 通夜と告別式を兼ねる「通夜葬」 —— 110
4 無宗教式の家族葬の準備 —— 112
5 無宗教葬の一般的な進行例 —— 114
6 無宗教葬ではこんな演出法がある —— 116
7 無宗教式の家族葬でのお別れのことば —— 118
8 無宗教葬の会葬礼状 —— 120

4章 火葬式・自然葬の進め方

1 葬儀を行わずに見送る「火葬式」 —— 122
2 故人を自然に還す「自然葬（散骨）」 —— 124
● 海に眠る海洋葬 —— 126
● 里山に眠る樹木葬 —— 127
● 異国の地に眠る海外自然葬 —— 128
● 大空へ悠々と旅立つバルーン宇宙葬 —— 128
● 宇宙から大切な家族を見守る宇宙葬 —— 129
● 聖なる樹とともに大地に還るニーム葬 —— 130

5章

お別れ会の準備と進め方

1 お別れ会は告別式に代わるセレモニー —— 132
2 遺族が主催するお別れ会のポイント —— 134
3 友人が主催するお別れ会のポイント —— 138
4 お別れ会の進め方と演出のしかた —— 140
5 お別れ会に出席するときのマナー —— 144
コラム 希望どおりのお別れ会を開くために —— 146

6章

葬儀後の各種届け出・手続き

1 葬儀後の手続き早わかり —— 148
2 世帯主が亡くなったときの名義変更 —— 150
3 健康保険・国民健康保険の手続き —— 152
4 国民年金・厚生年金の手続き —— 154
5 生命保険の手続き —— 156
6 税務署への確定申告・医療費控除の申告 —— 158

序章

内輪で行う「家族葬」が急増している

「家族葬」は、少人数で営む家族中心の葬儀

変化しつつある葬儀のあり方

これまで日本のお葬式は、「○○家の葬儀・告別式」として、代々信仰してきた仏教や神道《しんとう》などの宗教にのっとった形式で行われるのがほとんどでした。

また、立派な葬式ほどよいと考えられ、親族だけでなく、仕事の関係者や友人・知人、地域の人に広く知らせるのが一般的でした。参列する側も、義理を重んじ、少しでも故人とかかわりがあれば駆けつけるのが礼儀とされていました。

こうした従来どおりの葬儀は現在も多くみられますが、都市部を中心に葬儀に対する考え方や葬儀のスタイルに変化が生まれています。

盛大なお葬式から内輪で行う小さなお葬式へ

もっとも大きな変化は、葬儀の小規模化といえるでしょう。家族や親族のほか、とくに親交の深かった人だけに知らせて参列してもらうお葬式が増えています。

このように家族を中心に行うお葬式のことを、「家族葬」と呼んでいます。家族葬では故人をよく知る人だけが集まるため、形式にとらわれず、ゆっくりと故人とのお別れができるのが特徴の１つです。

これまでも、内々で行うお葬式として「密葬」がありましたが、密葬の場合は、日を改めて本葬を営むのが一般的で、現代の家族葬とは意味合いが異なります。

２００１年に東京都生活文化局が行った「葬儀にかかわる費用等調査」によると、家族の葬儀の規模については図１のように、「お金はかかっても人並みに行いたい」（約41％）と答えた人より、「親しい人とこぢんまりと行いたい」（51％）という人のほうが多くなっています。自分の葬儀にいたっては図２のとおり、約59％の人が「親しい人とこぢんまりとしてほしい」と答えています。

「多少のお金はかかっても人並みにしてほしい」「お金をかけてでも立派にしてほしい」という人は合わせても13％に満たず、盛大な葬儀より、故人とのお別れを重視する簡素な葬儀を望む傾向が強まっていることを示しています。

図1 家族の葬儀の規模について

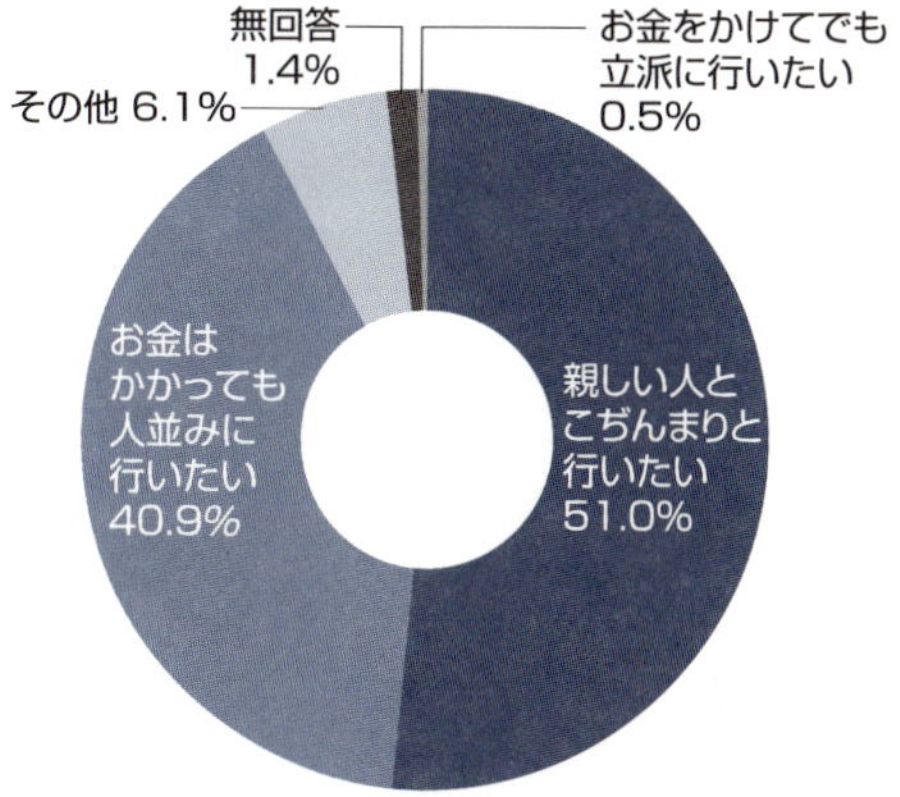

図2 自分の葬儀の規模について

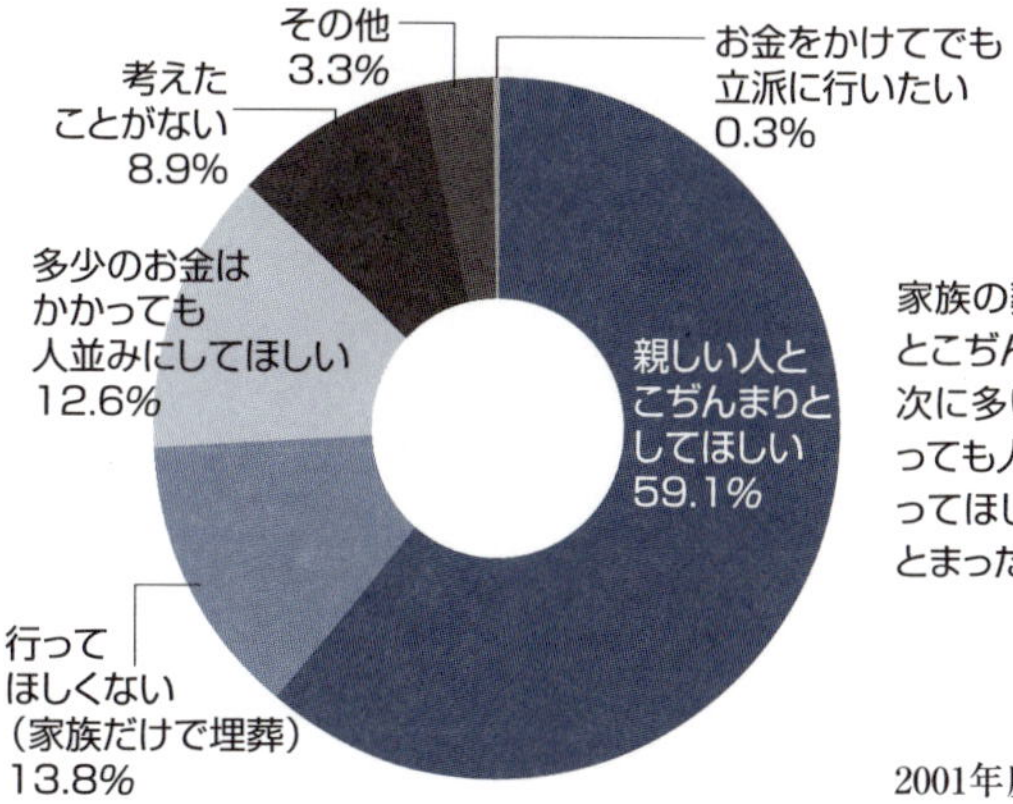

家族の葬儀でも、自分の葬儀でも、「親しい人とこぢんまりと」という回答が過半数を超える。次に多いのが、家族の葬儀では「お金はかかっても人並みに行いたい」、自分の葬儀では「行ってほしくない(家族だけで埋葬してほしい)」とまったく逆の結果になっている

2001年度東京都生活文化局調べ

COLUMN

友人や知人は家族葬に参列できる?

「知り合いが亡くなって、家族葬を行うらしいが、参列するほうがいいのか、しないほうがいいのか、迷ってしまう」といった相談を受けることがあります。

そのような場合は、遺族から直接連絡がなければ、遺族の意向をくんで遠慮するのがマナーといえるでしょう。

故人とそれほど親しいわけでもないのに義理で参列したり、取り込み中に電話をかけて確認するようなことは避けたいものです。

葬儀が終わって落ち着いたころに、弔問に伺いたいことを伝え、了承を得てから訪問するとよいでしょう。

家族葬にはこんなメリット・デメリットがある

家族葬では、故人とゆっくりお別れができる

前項でも触れましたが、家族葬の大きなメリットの1つは、心ゆくまでゆっくりと故人とお別れができるという点です。

従来の葬儀のように参列者や手伝いの人などが大勢いると、悲しむひまもないほど応対や式の進行などに追われ、心身ともに疲れ果てることが多いものです。

本来は家族や親しい友人・知人などが夜通し故人との別れを惜しむ通夜でさえも、現在は告別式の代わりに参列する人が増え、遺族側は落ち着いて過ごすことができなくなっています。

その点、家族葬に参列するのは故人をよく知り、心から冥福を祈る人ばかりですから、思い出話などをしながら、悲しみを共有することで心が癒《いや》され、心身の負担も少なくてすみます。

これまでの葬儀は、社会的な営みとして、昔ながらの家制度を基盤に行われてきましたが、家族葬では、家族愛や故人の遺志が中心となっているといえるでしょう。

納得のいくスタイル・費用でできる

家族葬は、これまでの伝統的な葬儀と違って、決まった形式があるわけではありません。どのような家族葬にするかは、葬祭業者とよく話し合いながら決めていきます。

家族葬は、仏式や神式、キリスト教式で行うこともできますし、無宗教式で行うこともできます。

しかし、仏式で行う場合でも、たとえば、通常使われるような白木《しらき》の祭壇は用いず、棺のまわりに花を飾る生花《せいか》祭壇にしたり、祭壇を設けず、棺を花で飾ってその前に焼香台を置くなどのアレンジもできます。

また、通夜ぶるまいを省略し、その分、葬儀後の会食に費用をかけるといったこともできます。

必要ないと思われるものを省けば費用を抑えることができますし、その分を別のこだわりたいことにあてることもできます。

葬祭業者とは綿密に打ち合わせをする必要がありますが、それだけ、

家族葬をスムーズに進めるためには、親戚などによく説明する必要がある

家族葬のメリット・デメリット

メリット

①会葬者が少ないので、広い斎場を借りなくてよい。状況によっては自宅で行うことも可能

②会葬者が少ない分、料理や返礼品の費用が抑えられる

③多くの会葬者に応対する必要がないので、故人とゆっくりお別れができる

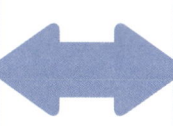

デメリット

①後日、自宅に香典や供物を持って訪れる弔問客の対応に追われることがある

②一般的な葬儀を望んでいた親族に反感をもたれることがある

③家族と面識のない故人の友人・知人に、死亡を知らせることができない場合がある

内容面でも費用面でも満足できる葬儀にすることができます。

親戚などに理解を得る必要がある

デメリットというよりも注意点ですが、家族葬を行うときにいちばん大切なことは、親族や参列者には前もって説明し、理解を得たうえで準備をすることです。理解を得ないまま家族葬を進めると、世間体を気にする親族などから不満の声が上がり、お互いにしこりを残すことになりかねません。

また、家族葬では葬儀後に外部に故人の死を知らせるため、葬儀に参列しなかった友人・知人などが、後日次々と弔問《ちょうもん》に訪れることもあります。家族葬を行うときは、事前の準備だけでなく、その後の対応についても考えておく必要があります。

なぜ、都会で家族葬が増えてきたのか

高齢化が進み参列者が減少

日本人の平均寿命は、厚生労働省の２００４年度の調べによると男性で78歳以上、女性で85歳以上となっています。

このくらいの年代になると、勤めていた会社との縁も切れ、地方から都会へ出てきた人は、親族とも疎遠《そえん》になり、葬儀に参列するような深いつきあいをしている人はごく限られています。交流があっても、健康上の理由などで弔問《ちょうもん》や会葬に出向くことができないケースも少なくありません。

また、喪主となる子世代のなかにもすでに現役を退いた人もおり、そうなると喪主関係の参列者も少なくなります。現役で働いていたとしても、不況のあおりもあり、企業は以前ほどは社員の葬儀にあまり関与しなくなってきています。

このように、社会全体の傾向として葬儀に参列する人が少なくなり、葬儀の小規模化が進みました。

都市部では隣近所とのつきあいも少ない

さらに都市部では、地域社会とのかかわりが浅く、同じマンションやアパート、あるいは同じ町内に住んでいても、葬儀に参列するほど親しくないというのが一般的です。その結果、隣近所の人たちが葬儀の手伝いをするという慣習もすたれてきました。

葬儀に地域社会がかかわりをもたなくなったために、家族が中心となった葬儀を行わざるを得なくなってきたともいえるでしょう。

従来の葬儀に対する不満や反発も

立派な葬式でも、ゆっくりと別れを惜しむ余裕がなく、心身の疲れだけが残り、しかも高額な費用がかかる従来の葬儀に対する不満や反発も、家族葬のような簡素なスタイルが増加する一因となっているようです。

東京都生活文化局の調査で、過去5年間に都内で葬儀を経験し、葬儀費用の支払額を知っている人に「お葬式で納得のいかなかったこと」を質問したところ、図３のように「何もない（満足している）」と回答した人

図3　お葬式について納得のいかないこと（複数回答）

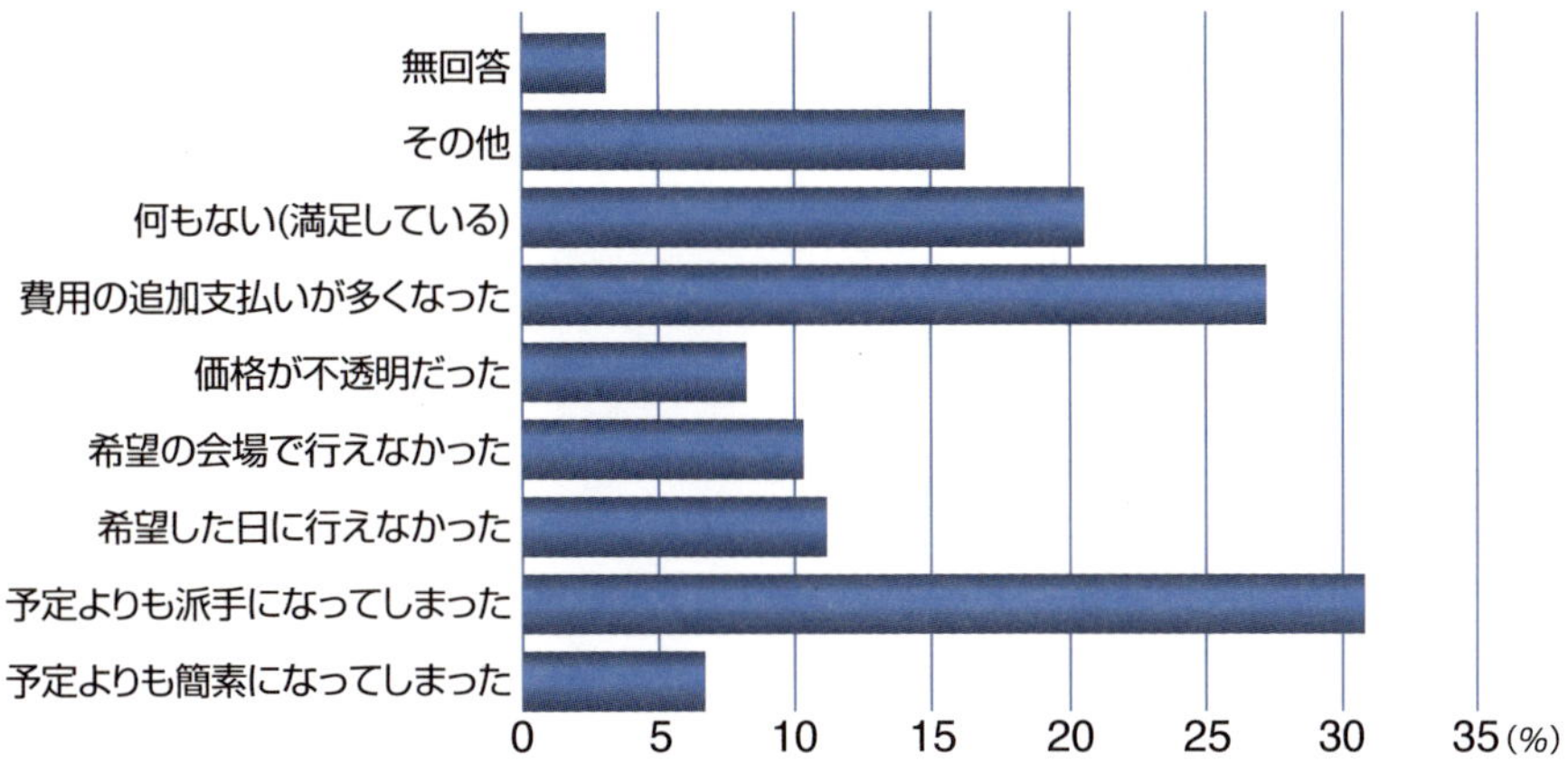

図4　家族の葬儀を行なう場合の考え

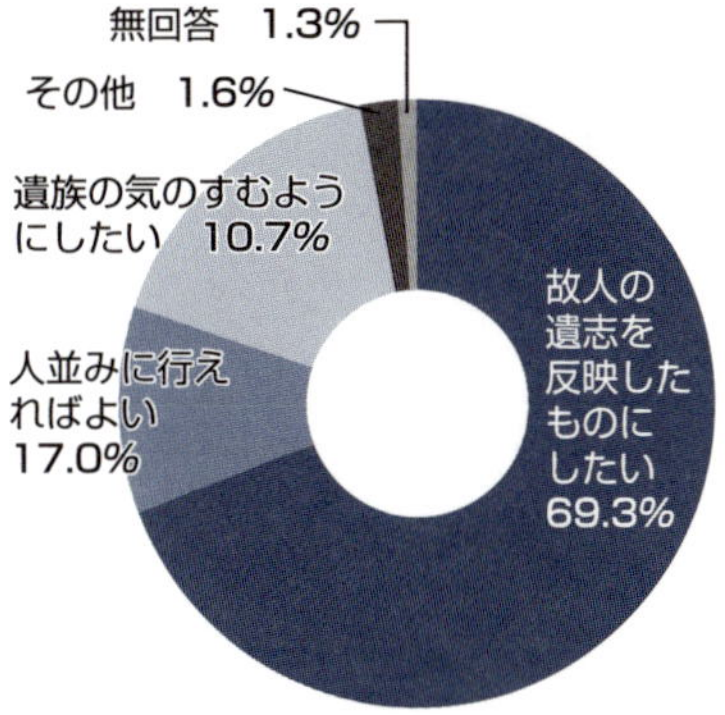

図5　自分の葬儀の希望様式

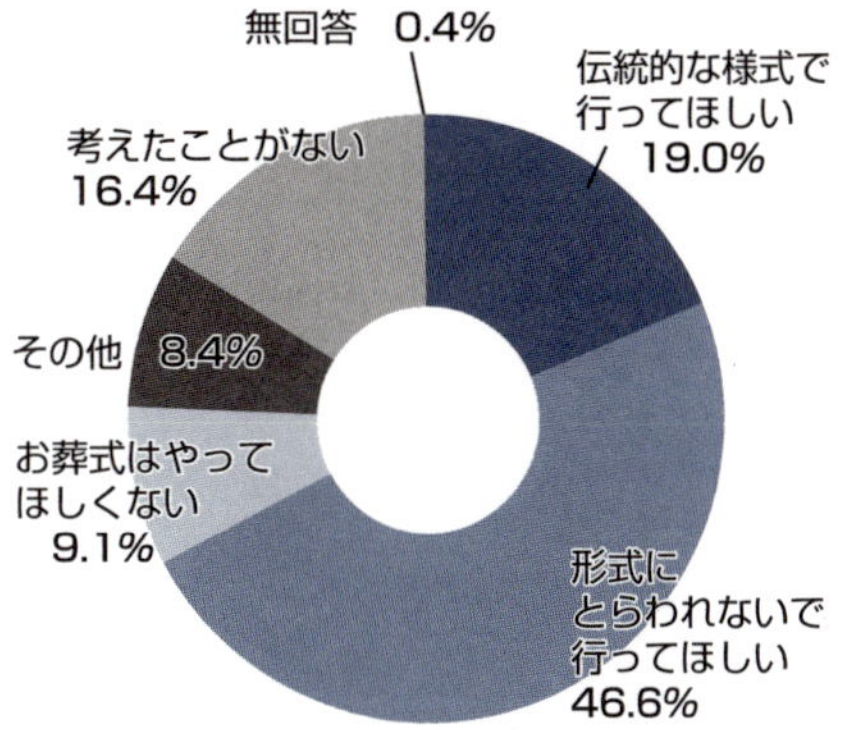

2001年度東京都生活文化局調べ

は約25%で、約75%の人はなんらかの不満をもっていました。とくに多いのが「予定よりも派手になってしまった」「費用の追加支払いが多くなった」というものでした。

故人の遺志を重んじた葬儀が増えていく

さまざまな要因によって家族葬が増えてきましたが、さらに今後は故人の遺志にもとづいた葬儀が増えていくものと思われます。

東京都生活文化局の調査によると、家族の葬儀について、「故人の遺志を反映したものにしたい」と答えた人は約70%にも上り（図4参照）、自分の葬儀については、「形式にとらわれないで行ってほしい」と思っている人が約50%で、「伝統的な様式で行ってほしい」という人は約20%にすぎません（図5参照）。

家族葬は、宗教式でも無宗教式でも行える

家族葬で多いのは仏式の家族葬

家族葬は身内やごく親しい人たちだけで営むもので、従来の日本の葬儀のように、仏教や神道《しんとう》、キリスト教などの宗教にのっとって行うこともできますし、特定の宗教によらず、無宗教で行うこともできます。

現在多いのは仏式の家族葬ですが、無宗教式のものも少なくありません。

東京都生活文化局の調査によると、葬儀を「故人とのお別れをするための慣習的なもの」と考えている人が「故人の冥福を祈る宗教的なもの」と考えている人よりも圧倒的に多くなっています（図6参照）。

とくに若い世代に慣習的なものととらえている人が多くみられ、今後は宗教にとらわれない、新しい感覚の葬儀がもっと増えていくものと思われます。

宗教式の家族葬は従来の形式を踏まえて

仏式や神式、キリスト教式などの家族葬は、基本的に伝統的な形式に従って行います。

葬儀の進め方などは、僧侶や神官などの宗教者が主導権をもって行うもので、従来の葬儀がそのまま小規模化したものと考えてよいでしょう。

仏式の家族葬なら親族などの参列者もとまどうことが少なく、無宗教式で行うよりもスムーズに進めやすいといえます。

無宗教式の家族葬は自由な発想で

無宗教式は、伝統や形式にとらわれず、自由なスタイルで行うセレモニーです。僧侶による読経《どきょう》や焼香などの宗教儀式は取り入れないのがふつうです。式の進行や演出のしかたは、遺族がすべて決めていきます。

ですから、故人にもっともふさわしい葬儀を行うことはできますが、読経や焼香の代わりに何を行うかなど、しっかりとプランを立てることが大切です。

なお、お墓が寺院墓地にある場合は、戒名《かいみょう》もいただかずに無宗教葬を行うと、埋葬が許可されないこともあります。必ず事前に菩提寺《ぼだいじ》に相談し、了承を得ることが必要です。

図6 葬儀についての考え（年代別）

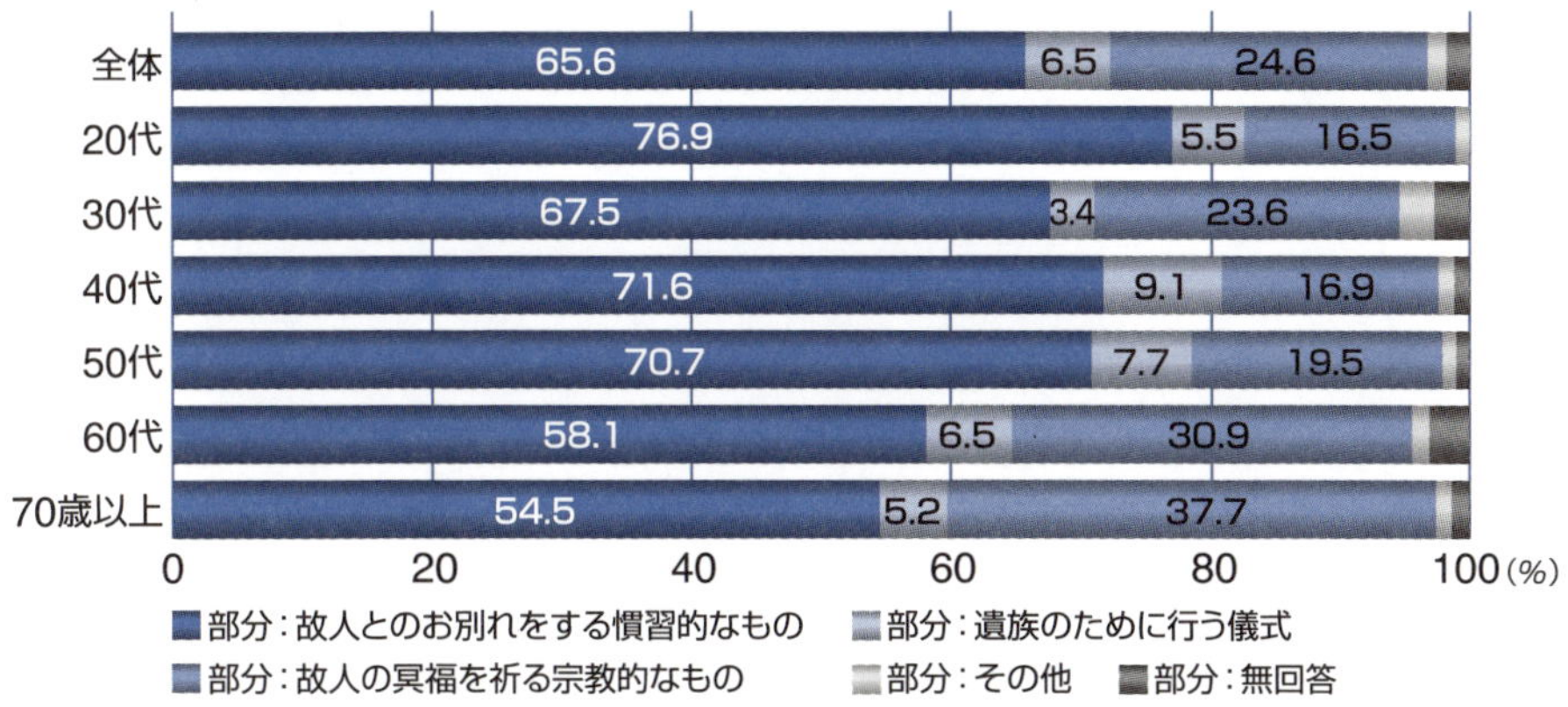

2001年度東京都生活文化局調べ

葬儀はやり直しがきかないので、どのようなスタイルにするか計画をよく練ることが大切

COLUMN

仏式をアレンジした自由葬も増えている

日本ではこれまで仏式の葬儀がほとんどで、菩提寺への埋葬も、その宗派による宗教儀式を行い、戒名をいただくことが前提でした。

一方で、仏教とかかわりのない人生を送った人が、葬儀のときだけ僧侶に読経をしてもらい、戒名をつけてもらうことへの抵抗もあり、無宗教式の葬儀への関心も高まっています。

そこで最近は、仏式の家族葬のあとに無宗教式の告別式やお別れ会を行うなど、仏式をベースにして、そこに無宗教式の要素を取り入れた形の葬儀も行われるようになりました。

ただし、この場合も菩提寺から了承を得る必要があります。

そのほかの新しい葬儀・埋葬の形

お葬式をせずに火葬だけで見送る「火葬式」

図2（19ページ）や図5（23ページ）にみるように、最近は「お葬式はやってほしくない」と考える人が増えてきています。

こうした流れを受け、通夜や葬儀・告別式を行わず、火葬の際に「火葬式」を行って故人を見送るケースも増えてきました。「荼毘《だび》葬」や「直《ちょく》葬」などとも呼ばれています。

火葬は、死後24時間経過してから行うこと、と法律で定められていますから、火葬場を併設している斎場や遺体保管施設へ遺体を搬送し、安置します。

火葬に付す前に最後のお別れをしますが、このとき、僧侶に読経《どきょう》をしてもらったり焼香をするなどの宗教儀式を行うこともできます（１２２ページ参照）。

お通夜を中心にした「通夜葬」

通常は、通夜と葬儀・告別式を2日に分けて行いますが、通夜だけを行い、葬儀・告別式を省くケースもあります。2日間も通夜・葬儀を行う必要はないが、火葬だけでは物足りないという場合に向いています。

自宅や斎場など、ひと晩遺体に付き添うことができる場所に遺体を安置し、家族や親族、親しかった友人・知人などで通夜を行います。

その際、簡単な祭壇や枕飾りを整えて、線香をあげたり、僧侶に読経をしてもらうこともできますし、故人の思い出を語り合って過ごすこともできます（１１０ページ参照）。

本人が生前に主催する「生前葬」

自分が生きているうちに友人や知人を招いてお別れをするのが「生前葬」です。葬儀・告別式のうちの告別式（故人の霊に別れを告げる儀式）を生きているうちに行うようなもので、実際に亡くなったときは、葬儀（死者を葬るための儀式）として家族葬や火葬式などを行います。

生前葬を知っている人は約80％と多く、（図7参照）「関心はあるが、自分はやりたくない」「関心はあるが、今はわからない」「機会があればや

図7 生前葬の認知度

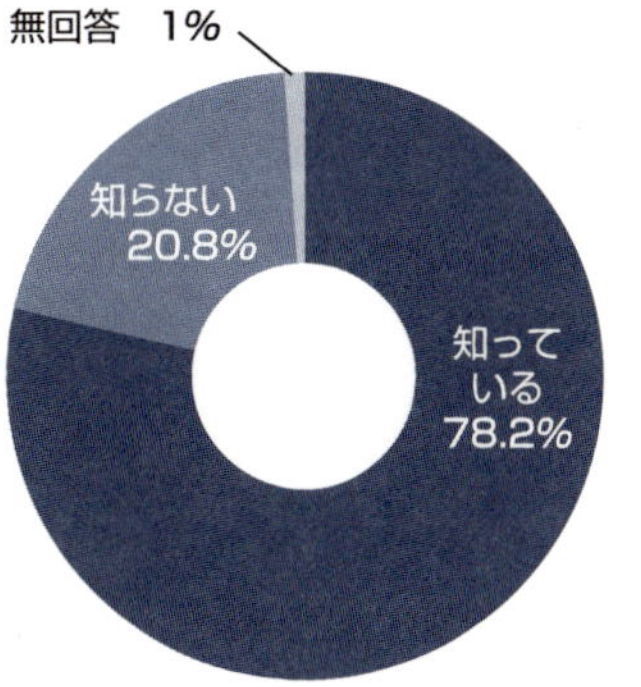

図8 生前葬を行うことについて

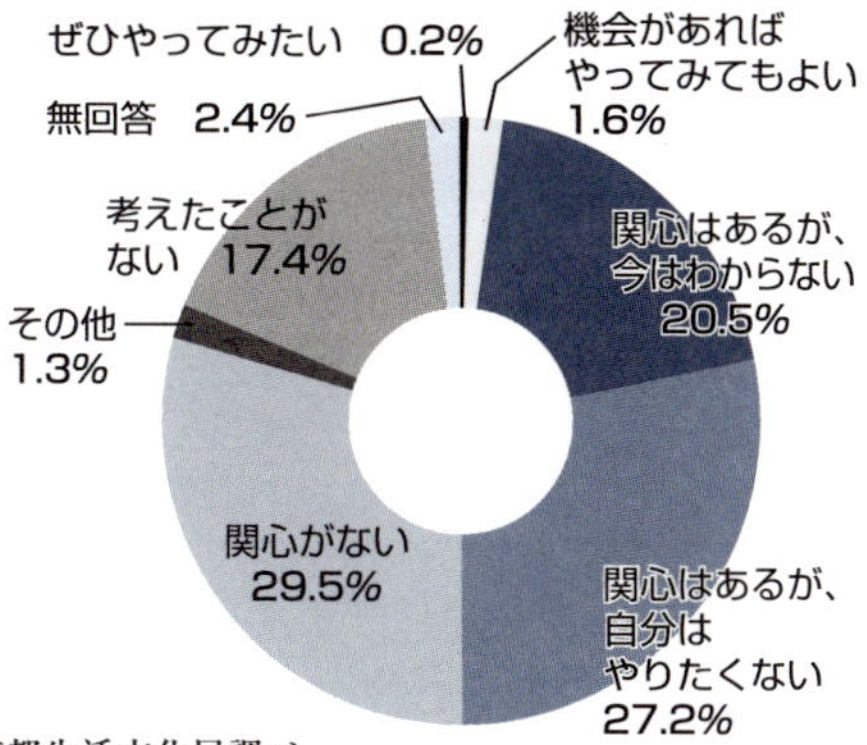

2001年度東京都生活文化局調べ

図9 自然葬についての考え

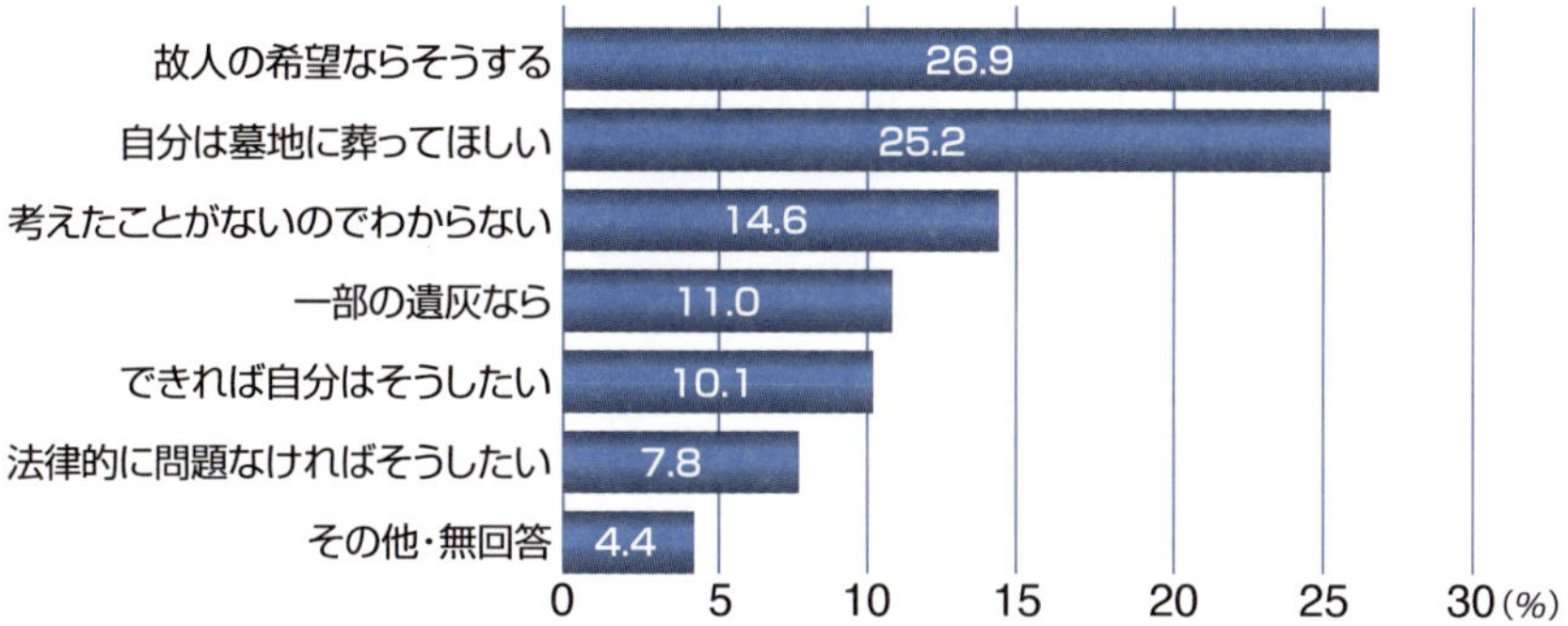

（財）日本消費者協会　平成15年「第7回　葬儀についてのアンケート調査」より

ってみてもよい」「ぜひやってみたい」という人をすべて合わせると、約半数の人が生前葬に関心を寄せています（図８参照）。

長寿のお祝いを兼ねたり、生きているうちに親しい人に会ってお礼を述べる機会を設けるために行うケースが多いようです。

故人を自然に還す「自然葬（散骨）」

遺骨を粉状に砕いて海や山にまく「自然葬（散骨）」も行われています。衛星ロケットに乗せて宇宙にまく、風船に詰めて大空にまくなどの方法もあります。遺族が同行せずに、業者に委託することもできます。

遺骨すべてを散骨することもできますが、分骨して一部をお墓に納骨し、そのほかを散骨にすることもできます（１２４ページ参照）。

「死」を考えることは、「生」を見つめること

「自分らしく逝きたい」と考える人が増えている

アラスカ・インディアンは、死を自覚すると聖職者を呼び、家族を集め、自分の生涯について語り、遺言をし、祈り、死を迎えるといいます。オーストラリアの原住民アボリジニーも、老人になると山に入り、社会のしがらみから解放されるまで何日も空を見つめ、死を迎える準備をします。

現代の私たちの社会では、そのような精神的・時間的余裕がなく、また、死後という未知の世界に対する不安やおそれから、死を考えるのは縁起が悪いとして遠ざけられてきました。

しかし、一方で「自分の最期は自分らしく締めくくりたい」「自分の終末期や死後のことについて意思表示をしておきたい」という人が増えてきています。

その背景には、医学の進歩にともなって「自宅死」より「病院死」が圧倒的に多くなったということがあります。病院でほどこされる延命治療によって長生きできるようになりましたが、生活の質（COL＝クオリティ・オブ・ライフ）を低下させてまで生きることを疑問視する声も上がりました。こうした死に対する見直しが、自分の葬儀の準備もしておきたいという考えに及んだものと思われます。

葬儀の遺言は、残される家族への思いやり

終末医療はどのような方法を望むか、葬儀はどのような形で行ってほしいかということを、エンディングノート（34～35ページ参照）に記すなどして意思表示をしておけば、今後の人生を不安なく過ごすことができます。また、意思表示をしておくことは、残される人たちへの最後の思いやりともいえます。ゆったりした時間的余裕のなかで、自分の死を見つめ、家族にその思いを伝え、人生を終える――これが本来の人間の死に方（生の終わり方）ではないでしょうか。

Ⅰ章

家族葬の生前準備

① 元気なうちに、どんな葬儀にしたいかを考える

金銭面で葬儀の準備をしている人が多い

東京都生活文化局の調査によると、自分の葬儀のための準備をしている人は、40代では約17％、50代で約33％、60代で約53％、70歳以上で約68％と、年代が高くなるにつれて増えていっています（図10参照）。

その準備の具体的な内容をみると（複数回答）、「生命保険を費用にあてる予定である」と答えた人が約半数、「葬儀の費用を預貯金している」が約4割、「互助会に入っている」が約3割で、金銭面で準備をしている人が少なくありません（図11参照）。

葬儀を行うには、即座にある程度の費用を用意しなければなりません。「家族には費用の心配をさせたくない」「葬儀の準備は自分でしておく」と考えている人が多いことがうかがえます。

費用の準備だけでは不十分

とはいえ、序章でみてきたように、昨今は、葬儀に対する考え方や葬儀のスタイルは大きく変わってきています。費用面だけでなく、従来どおりの葬儀でいいのか、自分らしい葬儀のあり方はどういうものなのかなどについても考え、家族に対して明確に伝えておく必要があるといえるでしょう。

葬儀についての知識や準備が何もないまま家族の死を迎えてしまうと、遺族は迷いと混乱のうちに葬儀を執り行わなければならず、十分にお別れができなかった、故人にふさわしい葬儀ができなかった、などの悔いを残すことになりかねません。

多くの人が自分の葬儀を「親しい人とこぢんまりとしてほしい」（19ページの図2）と答え、家族の多くが、家族の葬儀は「故人の遺志を反映したものにしたい」（23ページの図4）と答えています。

人生の締めくくりである葬儀を、本人も家族も納得のいくものにするためには、金銭的な準備だけでは不十分です。

自分が死を迎えたときはだれに知らせ、どのような方法で見送られたいかなどについても考え、家族に伝

図10　自分の葬儀のための考え（年代別）

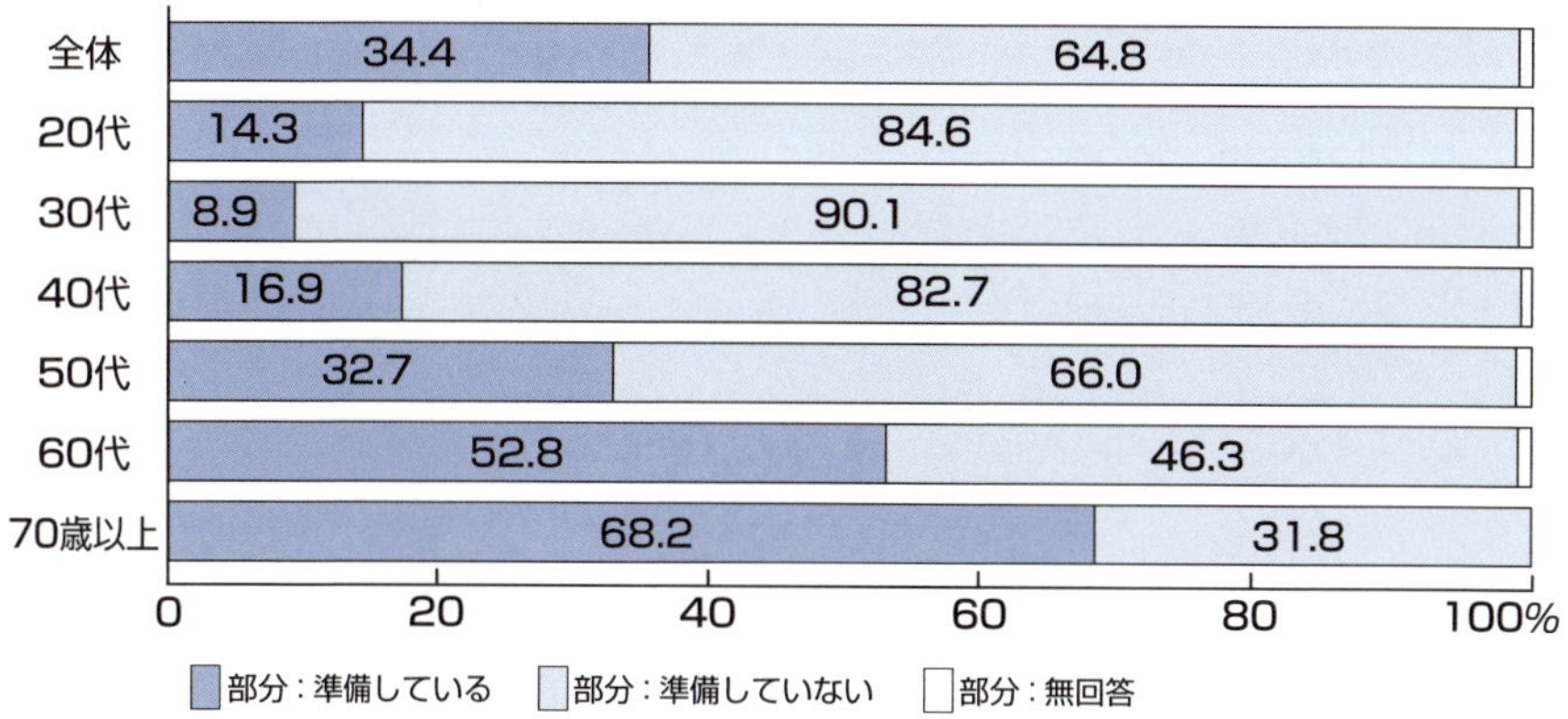

図11　葬儀の準備（複数回答）

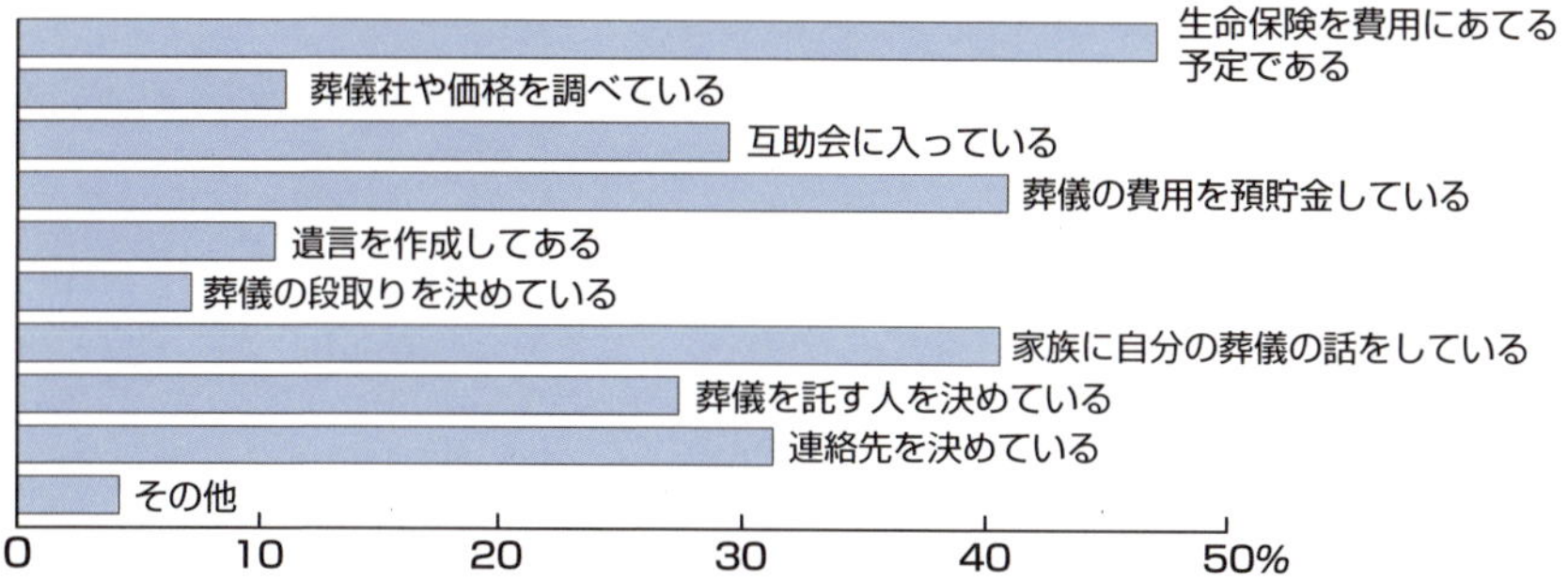

2001年度東京都生活文化局調べ

えてそれぞれに理解しておいてもらう必要があります。

元気なうちに家族に伝えておく

葬儀の準備などというと、縁起が悪いと敬遠されることも少なくありません。確かに、死期の迫っている人から葬儀のことについて話されるのは、家族にとってつらいものです。だからこそ、本人が元気なうちに、葬儀についての要望をはっきりと家族に伝えることが大切です。そしてノートなどにまとめ、第三者にも意思が伝わるものにして残しておきましょう。

口で伝えるだけでは、いざというときに家族がとまどったり、親族の反対にあったりすることがあります。具体的なプランを立て、それを書面にしておくことが大切です。

葬儀のプランニングは早いほどよい

エンディングノートに自分の希望を記しておく

葬儀についてのプランニングは、1冊のノートにまとめておくと便利です。これを「エンディングノート」と呼んでいます。

エンディングノートには、どのような葬儀を行いたいかを、できるだけ具体的に記入します。家族が故人の遺志どおりに葬儀を行おうと思っていても、親族に理解してもらうのに手間どったという話をよく聞きますが、そのようなとき、故人が具体的に記したものがあれば、親族を説得するのに役立ちます。

葬儀に参列してもらいたい人の名前と連絡先、死亡通知を送る人の名前や住所なども記しておけば、家族も迷わずにすみます。

そのほか、自分の経歴や、家族・友人に伝えておきたいことなどを書くのもよいでしょう。これまでを振り返り、自分史を書くつもりでまとめれば、今後は何を優先して生きていけばよいかを確認するよい機会になります。

このエンディングノートには法的な効力はありません。財産分与などについては、民法に定められた方式に従って正式な遺言書を作成する必要があります。

エンディングノートは家族がわかるところに保管

現在は必要な項目が印刷されている「エンディングノート」や「遺言ノート」なども市販されていますが、ふつうのノートで十分です。

表紙には「葬儀について」「葬儀の遺言」などのタイトルをつけ、自分の葬儀について記したものであることがすぐにわかるようにしておきます（34〜35ページ参照）。

書き上げたらそれを保管している場所を、家族に伝えておきます。

なお、あとで読み直してみて、考えが変わったときは新たに作成します。

葬儀の生前予約や生前契約という方法も

自分の希望どおりの葬儀を行うために、葬儀の内容や費用について、生前から業者や団体に予約または契約してくという方法もあります。

エンディングノートなどの文書には法的効力がないため、家族の判断によって葬儀内容が変更される可能性もありますが、生前予約や生前契約を行えば、ほぼ確実に自分の思いどおりの葬儀を実行してもらうことができます。

現在はいろいろな業者や団体が生前予約・生前契約を扱っており、サービス内容や費用の支払い方法などはそれぞれ異なります。

たとえば、予約や契約の方法にしても、いっさいを公正証書にして契約するところもあれば、必要な部分だけ公正証書にするところや、本人の申し込みによる予約だけのところもあります。

また、葬儀だけでなく、死後の事務処理なども委託できるサポート業者もあります。

代表的な生前契約・予約システム

◆NPOりすシステム

公正証書による葬儀の生前契約のほか、死後の諸手続きなども依頼可能。

入会金　5万円

電話　0120-889-443

http://www.seizenkeiyaku.org/

◆ウィルバンク

遺言ノートにもとづいた葬儀の実行をサポート。

入会金　4万円　月会費　3000円

電話　03-3707-1788

http://homepage2.nifty.com/willbank/

◆if共済会

全日本葬祭業協同組合連合会（全葬連）が運営、葬儀の生前予約を受付。

入会金　1万円

電話　0120-816-412

http://www.if-kyosai.com/html/

POINT

生前予約や生前契約をするときはここをチェック

① 解約や変更ができるか

本人の気持ちに変化が生じたり、事情が変わったりして、葬儀の形式や規模、演出の変更や、途中解約の必要が生じることもあります。そうした状況にもきちんと対応してくれるか、必ず確認しましょう。

② 支払いはいつか

先払いの場合、業者が破綻《はたん》してしまい、費用は払ったのに葬儀が実行されないという事態が起きることもあり得ます。後払いのほうが安心です。

③ 契約の保証期間はどのくらいか

物価の変動に伴って料金が変わることがあります。契約した金額でできるのはいつまでか、保証期間を確認しておきましょう。

エンディングノートの書式例

葬儀について

●どのような葬儀にするか

□一般的な葬儀
□家族葬
□通夜葬のみ（葬儀·告別式は行わない）
□火葬式のみ（葬儀·告別式は行わない）
□その他【　　　　　　　　　　　　　　　　　　　　　　　　　】

●葬儀の宗教

□仏式　　①宗派【　　　　　　　　】
　　　　　②壇那寺がある場合は寺院名と連絡先【　　　　　　　　】
　　　　　③戒名はつけるかつけないか、つける場合の希望ランク、戒名に使ってほしい漢字など【　　　　　　　　】
□神式　　①氏神様の名称と連絡先【　　　　　　　　】
□キリスト教式　①宗派【　　　　　　　　】
　　　　　②所属する教会がある場合は教会名と連絡先【　　　　　　　　】
□無宗教式　①希望すること【　　　　　　　　】

●葬儀の予算（用意している金額、内訳など）【　　　　　　　　】

●葬儀費用（預貯金や生命保険、共済会、互助会などの名称）【　　　　　　　　】

●葬儀の式場　□自宅
　　　　　　□斎場【斎場名　　　　　　　　】
　　　　　　□その他【　　　　　　　　】
＊自宅以外の場合、臨終後は自宅に帰るか【はい　いいえ】

●葬祭業者　□生前予約や生前契約をしている【業者名と連絡先　　　　　　　　】
　　　　　　□決めていない

●喪主をだれにするか【　　　　　　　　】

●祭壇についての希望　□伝統的な白木の祭壇
　　　　　　　　　□生花祭壇
　　　　　　　　　□祭壇は設けず、棺のまわりを花で飾る
　　　　　　　　　□その他【　　　　　　　　】
＊遺影に使ってほしい写真はあるか【　　　　　　　　】
＊祭壇や棺のまわりでとくに飾ってほしい花【　　　　　　　　】
＊そのほか、とくに飾ってほしいもの（写真、趣味のものなど）【　　　　　　　　】

●焼香や献花についての希望 □焼香　□献花　□その他【　　　　　　　　　　】

●葬儀で流してほしいCD、演奏してもらいたい曲、そのほか希望することなど
【　　　　　　　　　　】

●死装束についての希望 □経帷子　□自分の好きな服を着る【　　　　　　　　　　】

●霊柩車についての希望 □宮型　□洋型　□その他【　　　　　　　　　　】

●棺についての希望 □和風　□洋風
＊棺に入れてほしいもの【　　　　　　　　　　】

●弔辞を読んでほしい人【　　　　　　　　　　】

●香典と香典返し ①香典は　□受け取る　□受け取らない
②香典返しは　□する　□しない　□寄付【寄付先　　　　　　　　　　】

●会葬礼状と会葬返礼品
①会葬礼状は　□出す【一般的なもの・オリジナル】　□出さない
②会葬返礼品は　□出す【希望する品　　　　　　　　　　】□出さない

●通夜ぶるまいや精進落とし
①通夜ぶるまいは　□する【希望する料理　　　　　　　　　　】□しない
②精進落としは　□する【希望する料理　　　　　　　　　　】□しない

埋葬について

●お墓に埋葬するか、散骨にするか
□先祖代々のお墓に埋葬
□自分が用意したお墓に埋葬【所在地　　　　　　　　　　】
□別にお墓を用意してもらいたい【希望する場所　　　　　　　　　　】
□散骨にする【希望する場所　　　　　　　　　　】
＊分骨を希望するか　□する【埋葬する場所　　　　　　　　　　】□しない

●骨壷 □普通のもの　□オリジナルなもの【具体的に　　　　　　　　　　】

連絡先

●死後、すぐに連絡をとる人(氏名と連絡先のリストをつくる)
●死亡通知を送る人(氏名と住所のリストをつくる)

そのほか、終末医療に対する希望、略歴、思い出、影響を受けた人、好きなことば・座右の銘、愛読書、伝えたいことなどについてもまとめておくとよいでしょう。

尊厳死や臓器提供、献体を望む場合は

無意味な延命治療を拒否する尊厳死を望む場合は

現在の病院では、回復の見込みがなく死期の迫っている病人に対しても、さまざまな延命治療がほどこされるのが一般的です。

しかし、そうした延命治療を拒否し、安らかに、そして人間らしく死を遂げる「尊厳死」を望む人が増えています。

現在、「日本尊厳死協会」では、「尊厳死の宣言書（リビング・ウイル）」を発行し、自然な死を遂げる権利を確立する運動を展開しており、医療現場でも受け入れられるようになっています。

ただし、現在は尊厳死にかかわる法律がないため、本人の意思を明確にしていても、家族の希望や医師の無理解などによって、必ずしもかなえられるとは限りません。

それでも尊厳死を望む場合は、上記のようなところに入会して自分の意思を明確にし、同時に家族の理解を得ておかなければなりません。

臓器提供を望む場合は意思表示カードを携帯する

臓器移植法により、脳死では心臓、肝臓、肺、小腸、腎臓、膵《すい》臓、眼球を、心停止後は腎臓、膵臓、眼球を提供することができます。

脳死での臓器提供を望む場合は、「臓器提供意思表示カード・シール」などの書面による意思表示と、家族の承諾が欠かせません。家族の承諾後、法の定める脳死判定を行って死亡を確認してから提供されます。

なお、心停止後の腎臓と眼球については家族の承諾のみでよく、臓器移植法で規定されない皮膚、心臓弁、血管、耳小骨《じしょうこつ》、気管、骨などの組織についても家族の承諾のみで提供することが認められています。

カード・シールは役所、保健所、郵便局、運転免許試験場、免許の更新ができる警察署、一部のコンビニエンスストアにあります。

最近は、意思表示欄のある保険証も発行されています。

いずれも必要事項を記入し、いざというときのためにつねに携帯しておく必要があります。

臓器提供意思表示カード

《該当する1.2.3.の番号を○で囲んだ上で提供したい臓器を○で囲んで下さい》

1．私は、脳死の判定に従い、脳死後、移植の為に○で囲んだ臓器を提供します。（×をつけた臓器は提供しません）
心臓・肺・肝臓・腎臓・膵臓・小腸・眼球・その他（　　）

2．私は、心臓が停止した死後、移植の為に○で囲んだ臓器を提供します。（×をつけた臓器は提供しません）
腎臓・膵臓・眼球・その他（　　）

3．私は、臓器を提供しません。

署名年月日：　　年　　月　　日

本人署名（自筆）：

家族署名（自筆）：

（可能であれば、この意思表示カードをもっていることを知っている家族が、そのことの確認の為に署名して下さい。）

（裏）

（表）

献体を望む場合は家族全員の同意が必要

献体は、医学・歯学の大学での人体解剖学の教育・研究に遺体を提供するものです。

献体を望む場合は、近くの医科大学または歯科大学（大学の医学部・歯学部）、あるいは献《けん》体《たい》篤《とく》志《し》家《か》団体に、生前から登録しておきます。

登録には、所定の申込書への必要事項の記入・捺印のほか、肉親にも同意の印を押してもらう必要があります。肉親は、配偶者、同居・別居を問わず親・子・きょうだいなどですが、肉親の範囲や手続き方法などは献体先によって多少異なります。

献体は葬儀をすませてからでも可能です。遺族のもとに帰ってくるのは、解剖実習後、火葬に付されてからで、1～3年ほどかかります。

問い合わせ先

◆日本尊厳死協会
電話　03-3818-6563
http://www.songenshi-kyokai.com/
〈リビング・ウイルの主な内容〉
①無意味な延命措置を拒否する。
②苦痛を最大限に和らげる治療をしてほしい。
③植物状態に陥ったとき、生命維持装置をとりやめてほしい。
年会費　3000円
（夫婦で登録する場合は4000円）

◆(社)日本臓器移植ネットワーク
電話　03-3502-2071
http://www.jotnw.or.jp/

◆(財)日本篤志献体協会
電話　03-3345-8498
hhtp://www.kentai.or.jp/

＊献体は、全国の医科大学（大学医学部）、歯科大学（大学歯学部）に登録することができます。

葬祭業者には、こんな種類がある

専門業者だけでなく、他業種の会社も葬儀を扱う

以前は、葬儀を扱うのは葬祭専門業者や互助会、生協、農協などだけでしたが、現在は生花業者や、墓石を扱う石材会社、仏壇の会社、鉄道会社など、さまざまな業種の会社が葬祭業に進出しています。また、葬儀を扱っているＮＰＯ法人などの団体もあります。

多くの業者が家族葬や無宗教葬にも対応し、生前予約や生前契約を受け付けているところもあります。

葬祭専門業者

全国展開している大規模な会社から、地元に密着した小さな業者まであります。

地元の葬儀社は、その地域の斎場や火葬場の事情、地域の慣習などにくわしいのが特長です。

一方の大規模な葬儀社は、デパートや駅ビルなどに相談コーナーを設けているところもあり、気軽に相談できます。

全国各地に葬祭事業協同組合があり、その連合会が全日本葬祭業協同組合連合会（全葬連）で、経済産業省の認可を受けています。連合会は、加盟業者のサービス向上の促進などを目的としています。

問い合わせ先
◆全日本葬祭業協同組合連合会
電話　０３-３２２２-４３７０
http://www.zensoren.or.jp/

互助会

冠婚葬祭の儀式を行うのに必要な費用を毎月積み立てて準備するシステムで、葬儀が必要になったときに連絡すれば、祭壇や棺などの準備、葬儀の施行などの互助会のサービスが受けられます。

一種の生前予約で、現在、多くの人が利用しています。

満期にならなくても差額を払い込めば利用できますが、積立金だけですべてをまかなえるわけではありません。お寺へのお布施《ふせ》などは含まれないことが多いようです。

毎月の掛け金には利息はつかず、途中解約する場合は、原則として解約手数料がかかります。

互助会は経済産業省の認可を受けており、全国に数多くの互助会がありますが、それぞれ独立した企業で、サービス内容は一律ではありません。

生活共同組合(生協)

「葬儀の料金が不明瞭」という組合員の声がもとになり、現在、多くの生協が葬儀サービス事業を行っています。実際の葬儀は提携している葬祭業者や互助会が行っており、料金や内容はまちまちですが、料金体系が明瞭なのが特長です。

なお、生協で葬儀を行うには、生協の組合員であることが原則です。

葬儀の依頼先

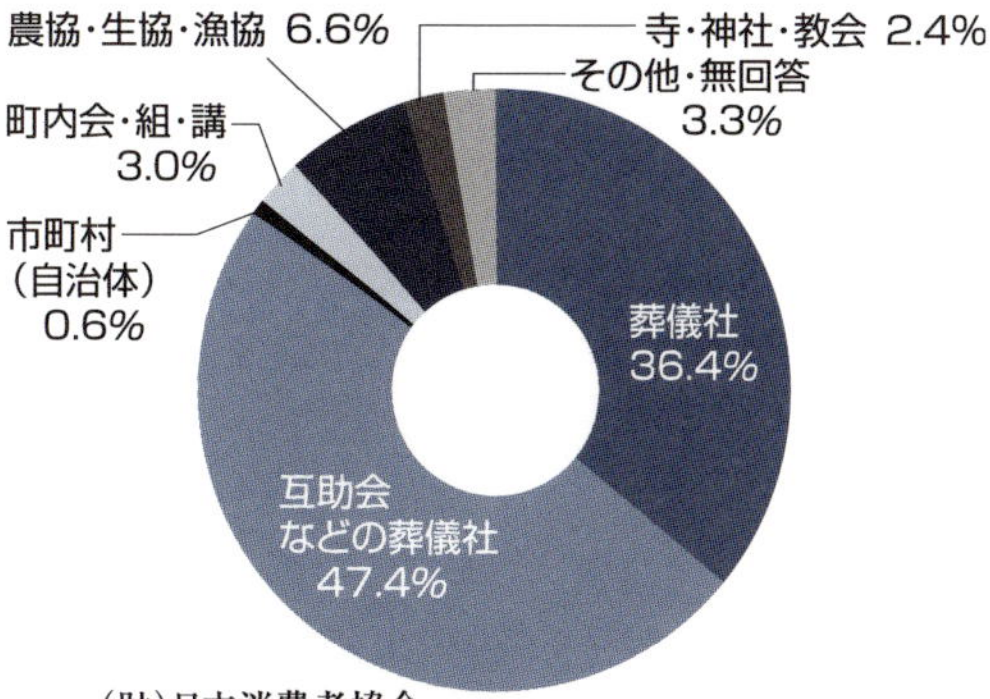

（財）日本消費者協会
平成15年「第7回　葬儀についてのアンケート調査」より

農協・漁協

全国各地の農業協同組合（農協・JA）や漁業協同組合（漁協）などでも、組合員の福利厚生のために葬儀を扱っているところがあります。

サービス内容は、葬儀一切を請け負うところもあれば、提携している葬儀社に業務を委託するところ、葬儀社を紹介するところなどがあります。また、独自のサービスを提供していたり、葬斎場を設けたりしているところもあります。

農協や漁協の組合員だけでなく、組合員以外でもサービスを受けられるところもあります。

自治体の葬儀サービス

自治体のなかには、区民葬や市民葬などの葬儀サービスを低価格で提供しているところがあります。

サービス内容は各自治体によって異なり、登録されている葬祭業者のサービスを受けられるところ、自治体職員が葬儀の手伝いをするところなどさまざまです。

そのほかの葬儀サービス

生花業者や、石材会社、仏壇会社、鉄道会社などには、一般的な葬儀だけでなく、本来の業務を生かした個性的なサービスを行っているところもあります。たとえば、生花業者は生花祭壇など、花で演出する葬儀を得意としています。

信頼できる葬祭業者を選ぶポイント

信頼して任せられる葬祭業者の条件とは

遺族や参列者が「いいお葬式だった」と思える葬儀にするためには、葬祭業者選びがキーポイントになります。電話やメールで問い合わせたり、相談コーナーに出かけたりして、信頼できる葬祭業者を選びたいものです。

次のような点に該当すれば、よい葬祭業者といえます。

①誠実な態度で対応してくれる

よい葬儀を行うには綿密な打ち合わせが必要です。どんな小さな質問やちょっとした不安にも親身になって接してくれることが大切です。

②料金体系がわかりやすい

基本料金のほかにどのような費用が必要で、総額でどのくらいかかるかなど、料金体系が明確で、わかりやすく説明してくれるところ、細かく記した見積書を出してくれるところを選びましょう。

また、葬儀には、宗教者関係や接待の費用なども必要です。葬祭業者以外への支払いについても具体的に説明をしてくれ、その目安についても教えてくれるところを選ぶとよいでしょう。

③希望の葬儀形式を得意としている

葬祭業者にも、宗教や宗派、式の内容などによって得意不得意があります。とくに無宗教葬などは、選ぶ葬祭業者によってまったく違った葬儀になります。

希望する形式の葬儀に慣れていて、重点を置きたいことや省きたいことなどの要望にも柔軟に対応してくれる業者を選びたいものです。

④希望の地域での葬儀に慣れている

葬儀を行う地域の斎場や火葬場の事情にくわしい業者なら安心です。また、長くその地で仕事をしていることは、誠実な業者だという実績でもあります。

なお、１９９６年から「葬祭ディレクター」の制度が始まりました。葬祭ディレクターとは厚生労働省が認定する準国家資格ですが、葬祭業者に義務づけられた資格ではありません。１つの目安にはなりますが、資格を取っていなくても誠実な葬祭業者はたくさんいます。必ずしもこだわる必要はないでしょう。

葬儀品目と料金の目安

（消費税別）

葬儀施行関連費用	遺体搬送料金	15,000円～（距離・時間帯により）
	枕飾り祭壇	10,000円～30,000円
	棺	50,000円～500,000円
	納棺、旅支度	10,000円～30,000円
	ドライアイス（1日）	8,000円～10,000円
	祭　壇	150,000円～
	供　物	10,000円～15,000円
	供　花（1基）	15,000円～20,000円
	遺　影	25,000円～
	事務用品（受付など）	7,000円～10,000円
	焼香セット	10,000円～30,000円
	式場看板（1枚）	3,000円～130,000円（看板の種類により）
	式場飾り（内装・外装）	7,000円～100,000円
	司会進行	30,000円～60,000円（通夜・告別式の2日間）
	役所手続き代行	10,000円
	会葬礼状	80～100円×枚数
	返礼品	500～5,000円×個数
	骨　壷	5,000円～
	位　牌	5,000円～
	後飾り祭壇	15,000円～30,000円
使用料など	斎場使用料	～300,000円（さらに高額もあり）
	霊柩車使用料	20,000円～
	マイクロバス・ハイヤー	30,000円～
	火葬料	～170,000円（場所・地域により）
	休憩室使用料	3,000円～20,000円前後
接待	通夜ぶるまい飲食料金	15,000円5人セット～240,000円50人セットなど（飲み物別）
	精進落とし	3,000円～6,500円×人数分
その他	清拭（湯灌）	30,000円～150,000円
	エンバーミング	150,000円～
	壇上オアシス（生花）	20,000円～

●無宗教葬以外は、このほかに、宗教者への謝礼が必要になります。
●演出により、音響費用やビデオ編集・放映費用などが必要になることもあります。
●地域による差や、公営・民営など施設の種類により、この範囲でない場合もあります。

〈資料提供：お葬式と仏事の相談センター青山サテライトサービス〉

6

納得できる形で準備を進めるには

葬儀のプランは葬祭業者と共に練り上げる

葬儀の準備は葬祭業者との打ち合わせからスタートします。どのような式場でどのような葬儀にしたいか、どのような祭壇が希望か、予算や参列者はどのくらいかなどを、できるだけ具体的に伝えましょう。

葬祭業者からも、式場や演出方法などについて提案がなされるので、1つひとつ確認しながら、全体のプランを固めていきます。

とくに無宗教葬のように、宗教にも伝統にもとらわれない葬儀を行いたい場合は、葬祭業者との綿密な打ち合わせが必要です。

何もかも葬祭業者任せにするのではなく、コミュニケーションを重ねて信頼関係を築くことが、よい葬儀につながります。

打ち合わせをするときは、冷静な判断のできる人に立ち会ってもらえば、よりスムーズに話が進みます。

葬祭業者の仕事の範囲と費用を把握する

葬儀のプランが決まったら、見積りを出してもらい、葬祭業者にはどこからどこまでお願いできるのか確認しましょう。葬祭業者の仕事内容がわかれば、遺族側がしなければならないこともわかってきます。

また、見積書には何が含まれていて、別途支払う必要のあるものは何か、どのくらいの費用がかかるかなども確認しておきましょう。

「基本料金○十万円」などとあっても、その内容は業者によって異なります。「費用の追加支払いが多くなった」という不満がよく聞かれますが（23ページの図3参照）、こうしたトラブルを起こさないためにも、きちんと確認しておくことが必要です。

なお、葬祭業者に支払う費用に寺院などへの謝礼は含まれていないのがふつうです。また、通夜ぶるまいや精進落としの飲食・接待費用は葬祭業者にまとめて支払うのが一般的ですが、別になる場合もあります。

葬祭業者への支払いと寺院などへの支払い、それに別途支払い分を加えて、総額はどのくらいになるのか、把握しておきましょう。

家族葬の料金例

参列者20名・白木祭壇使用・公営斎場利用・公営火葬場利用の場合(単位：円)

品　目	金額(消費税込み)	品　目	金額(消費税込み)
祭壇一式(白木)	388,500	寝台車料金	20,790
御棺一式	73,500	火葬場控え室料	22,575
遺影写真	26,250	控え室飲食料	10,500
ドライアイス(2日)	16,800	司会進行	21,000
後飾り一式	15,750	式場使用料	50,000
搬入・搬出費	10,500	返礼品(単価800)	16,800
壇上オアシス	31,500	通夜料理	34,230
御火葬料金	8,000	告別式料理	68,000
骨壷料金	13,860	飲み物代(2日分)	14,595
霊柩車料金	25,200	合　計	868,350

- 枕飾り、供物、焼香セット、会葬礼状、事務用品、看板、外装費、音響設備などは祭壇料金に含まれます。
- マイクロバスやハイヤーを使用する場合は別途必要となります。
- 宗教式では、このほかにお布施などの謝礼が必要です。
- 生花祭壇を使用する場合は生花祭壇費用がかかり、壇上オアシスは省略されます。

〈資料提供：お葬式と仏事の相談センター青山サテライトサービス〉

葬儀費用の地域別平均額

(単位：万円)

	葬儀費用合計	葬儀一式費用	寺院の費用	飲食接待費用
全国平均	236.6	150.4	48.6	38.6
北海道	186.2	138.0	30.0	90.0
東北	250.9	117.5	59.6	37.8
関東A(茨城・栃木・群馬・千葉)	165.1	101.8	40.0	18.0
関東B(埼玉・東京・神奈川)	313.0	178.5	64.1	66.1
中部A(新潟・富山・石川・福井)	203.4	143.4	38.9	39.6
中部B(山梨・長野・岐阜・静岡・愛知)	378.9	248.0	87.5	53.9
近畿	239.2	50.0	30.0	15.0
中国	203.2	157.6	24.7	19.2
四国	206.4	143.7	44.2	40.2
九州	216.8	150.0	45.5	26.0

- 「葬儀費用合計」は、個別の費用は不明のケースも含むため、各費用の合計とは一致しません。

日本消費者協会「第7回葬儀についてのアンケート調査」(平成15年8月)より

悔いを残さないために式場選びも慎重に

葬儀は、自宅や斎場、宗教施設、集会場などで行いますが、自宅での葬儀は年々少なくなってきています。逆に、葬祭業者が所有する斎場の人気が高まってきており、斎場のなかには、少人数の家族葬のための部屋が設けられているところもあります。

式場によっては、ゆっくり故人とお別れがしたくてもまわりが騒々しくて落ち着かなかったり、斎場の決まりで付き添えないこともあるので、事前に調べて、何か所か候補をあげておくと安心です。

自分らしい葬儀にするためには

最近は、故人が好きだった服を着せ、上に白い死装束《しにしょうぞく》をかけて棺に納めることが多くなりました。

遺影も、笑っている写真など、その人らしい自然な表情の写真が好まれ、額《がく》ぶちを好きだった花でアレンジする花額も増えています。

思い出の品や気に入っている写真などを葬儀で飾ってもらうように指定すれば、特別なことは何もしなくても、十分に自分らしい葬儀にすることができます。

そのほか、ビデオで撮っておいた挨拶を式で流してもらう、会葬礼状や死亡通知を自分で書く、返礼品や香典返しを自分で選ぶなどの方法で個性を表現することもできます。

葬儀費用はすぐに準備できるように

葬儀を行うには、当座の現金が必要です。宗教関係者には通夜や葬儀の当日、葬祭業者へは1週間前後に支払うのが一般的です。世話役がいれば、その日のうちにお礼をするのが礼儀です。

しかし、亡くなった人の預貯金は遺産となるため、死亡届けの提出と同時に凍結され、相続が確定するまで引き出すことが難しくなります。生命保険も、申請してから保険金がおりるまで、通常は1週間以上かかります。

遺族が困らないようにするために、郵便局やソニー生命では、次のようなサービスを行っています。

◆郵便局の簡易保険　必要書類を持参すればその場で保険金が支払われる。

問い合わせ先　全国の郵便局

◆ソニー生命の保険金クイックサービス

必要書類をファクシミリで送ると、普通死亡保険金のうち、300万円以内なら即日、500万円以内なら翌々営業日に振り込まれる。

問い合わせ先

ソニー生命保険株式会社

電話　0120-158-821

2章

宗教式家族葬の進め方

仏式葬儀の特徴と、主な宗派の作法

戒名を授け、引導を渡す

仏教では、いっさいのものに「永遠」はないとされています。万物は生・住・異・滅を繰り返して転変し、人間もまた、生・老・病・死の四苦を背負って生きます。

そこで仏教では、読経《どきょう》を通じて、苦しみにあふれた現世を離れ、安住の地である浄土へ向かうことを説いてきました。寺院や葬儀も、浄土へ向かうための道しるべと考えられています。

仏の弟子となった証《あかし》として戒名《かいみょう》をつけ、引導《いんどう》（僧侶が棺の前で仏法を説き、死者を仏の世界である彼岸《ひがん》へ導くこと）を渡すのが葬儀であり、残されたものは、故人が無事に浄土へ向かえるように供養します。忌明《きあ》けまで繰り返される法要も、故人の浄土への旅立ちを後押しするものとされています。

なお、浄土真宗では人は死ぬとすぐに成仏すると考えられているため、葬儀を、本尊の阿弥陀如来《あみだにょらい》に感謝し、仏の教えを学ぶ場であるとしています。

作法は宗派によって異なる

仏式葬儀では、参列者は数珠《じゅず》を持ち、焼香をします。

数珠は念珠《ねんじゅ》ともいい、もともとは念仏を唱えるときにその回数を数えるために使われていました。

数珠の珠は一般的には１０８つあり、１つひとつの珠が人間の１０８つの煩悩《ぼんのう》を司る仏さまを表しているとされていますが、半分の54個や４分の１の27個のものもあります。

合掌するときの数珠の扱い方は宗派によって異なりますが、現在はあまりこだわりません。

焼香は香をたいて故人を供養するもので、葬儀や告別式、法要などの儀式では抹香《まっこう》を、ふだんは線香を用います。抹香での焼香の回数や作法、線香の本数や作法などは宗派によって異なります。

抹香を3回、あるいは線香を3本たく宗派もありますが、これには、仏法僧の三宝《さんぼう》に捧げるという説、三毒《さんどく》の煩悩（貪《むさぼ》り・怒り・愚痴《ぐち》）をなくすという説などがあります。

数珠の扱い方

式の間は、左手に持つか、左手首にかけておく

焼香するときは、左手の親指以外の指にかけ、親指で押さえる

合掌する際は、両手の親指以外の指を通して両手を合わせる

主な宗派の焼香の作法と戒名の特徴

宗派・宗祖・唱名	焼香の作法	戒名の特徴
天台宗 最澄　伝教大師 南無天台智者大師 南無根本伝教大師	抹香は1回または3回。線香は3本	男性：○○院△△□□居士 女性：○○院△△□□大姉
真言宗 空海　弘法大師 南無大師遍照金剛	抹香は3回。線香は3本	位牌には、戒名の頭に、梵字でア（子どもはカ）の字がつく 男性：○○院△△□□居士 女性：○○院△△□□大姉
浄土宗 源空　法然上人 南無阿弥陀仏	抹香は3回。線香は1本を2つに折る	○○院◇誉△△□□居士（大姉） 西山浄土宗の場合 ○○院◇空△△□□居士（大姉）
浄土真宗大谷派 親鸞　見真大師 南無阿弥陀仏	抹香は2回（おしいただかない）。線香は1本を2つに折る	戒名といわず「法名」という 男性：○○院釈□□ 女性：○○院釈尼□□
浄土真宗本願寺派 親鸞　見真大師 南無阿弥陀仏	抹香は1回（おしいただかない）。線香は1本を2つに折り、横に寝かせて香炉に入れる	
臨済宗 栄西　千光法師 南無釈迦牟尼仏	抹香は1回。線香は1本	院号に次ぐものとして、庵号や斎号、軒号がつくことがある ○○院△△□□居士（大姉） ○○庵△△□□居士（大姉）
曹洞宗 道元　承陽大師 南無釈迦牟尼仏	抹香は2回（1回目はおしいただき、2回目はおしいただかない）。線香は1本	男性：○○院△△□□居士 女性：○○院△△□□大姉
日蓮宗 日蓮　立正大師 南無妙法蓮華経	抹香は1回または3回。線香は1本	戒名といわず「法号」という 男性：○○院法△日□信士 女性：○○院妙△日□信女

※焼香の作法は必ずしもこの通りでない

※戒名の構成　○○院（院号）　△△（道号）　□□（法号）　居士（大姉）（位号）

家族葬では危篤の連絡に注意が必要

万一のときに備えて連絡先リストをつくっておく

病人が危篤状態になったときは、気が動転してだれに知らせればよいかわからず、連絡できないことがあります。「死に目に会わせることができなかった」と家族が後悔することのないように、本人があらかじめ知らせる相手をリストアップしておきたいものです。

たとえば、最期を看取ってほしい人には◎、通夜・葬儀に参列してほしい人には○というようにエンディングノートなどに書き込んでおけば、家族はすみやかに連絡することができます。

住所、電話、携帯電話、ファクシミリ、メールアドレスなどがすぐにわかるようにしておきます。

会いたがっていた人には意識のあるうちに連絡を

一般に危篤の連絡をするのは、本人の二親等（親・子・きょうだい・祖父母・孫まで）から三親等（おじ・おば・おい・めい・ひ孫まで）くらいまでの血族です。たとえ疎遠になっていても、両親やきょうだい、子どもには必ず知らせます。

本人が会いたがっていた人、エンディングノートなどに記していた人、

危篤を知らせる範囲の目安

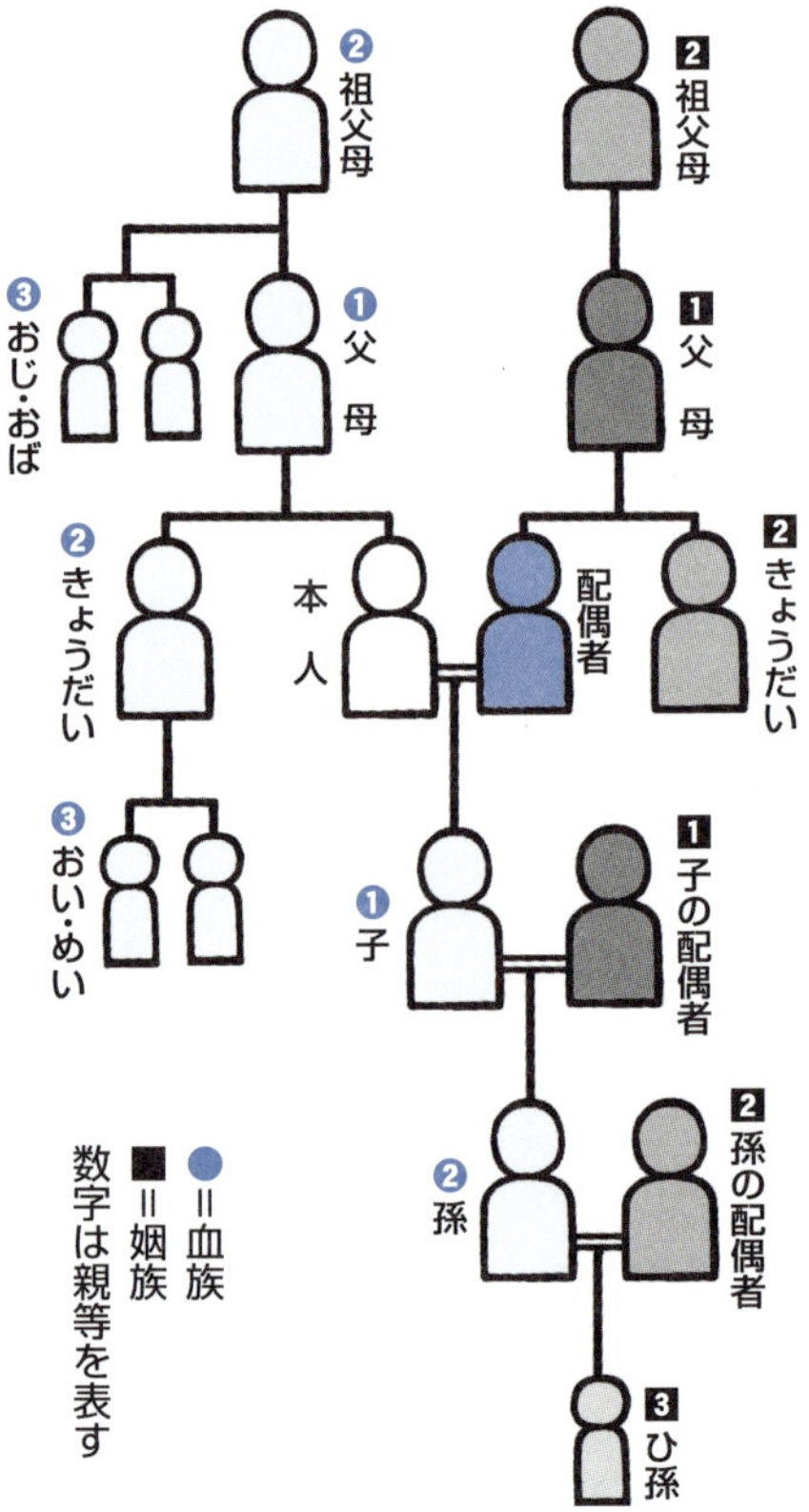

とくに親しくしていた友人には、本人の意識があるうちに会わせたいものです。そうすれば、危篤時の連絡を省略しても悔いを残すことがないでしょう。

危篤の連絡には電話が適しています。緊急事態ですから、深夜や早朝でも失礼にはなりません。「夜分（早朝から）申しわけありません」とわびてから用件を切り出します。

危篤の電話連絡のしかた

1 自分の名前を名乗る

挨拶などの前置きは省き、親戚には自分の名前を名乗る。病人の友人・知人には「○○○○の長男の△△です」のように述べる。深夜や早朝でもよい

2 危篤であることを伝える

病人の状況と危篤であることを伝え、場合によっては、「本人が会いたがっていますので、ひと目会っていただけますでしょうか」などと、会ってやってほしいことを添える

3 病人のいる場所を伝える

病院名など、本人がいるところを伝え、相手が駆けつける意思を示したり、場所を尋ねたりしたら、病院の場所や道順、部屋番号などを知らせる。なお、会ってほしいとお願いしたときでも、来てもらえるかどうかを確認したりせず、相手の意思に任せる

4 自分の連絡先も伝える

相手が道に迷ったりしたときのために、連絡先を忘れずに知らせておく

POINT

本人が連絡先リストをつくっていない場合は

● 危篤の連絡をするということは、葬儀の際に参列してほしいという依頼も意味します。知らせを受けたほうも、万一のことを考えて駆けつけます。遠方の人であれば、喪服や宿泊の準備をして向かうこともあります。家族葬を行う場合は、親族でも日ごろ行き来していない人には、危篤の連絡は控えたほうがいいでしょう。

● 本人が会いたがっていた人には、会話ができるくらいの状態のときに会ってもらい、最期はごく身内だけで静かに看取るのも1つの方法です。

3

臨終と家族の看取り

蘇生の願いを込めて末期の水をとる

医師が臨終を告げたら、死に際もしくは死亡直後に家族は血縁関係の近い順に「末期《まつご》の水《みず》」をとります。

末期の水とは、臨終に際し、水を含ませた脱脂綿や綿棒で死者の唇をぬらす風習で、「死に水」ともいいます。本来は息を引き取る間際に、死者がよみがえるように、そしてあの世で渇きに苦しめられないようにと願って行われてきました。

もともとは仏教に由来する儀式ですが、日本では現在、カトリックを除き、宗教に関係なく行われています。必要な道具は、病院で用意してもらえます。

エンゼルケアで遺体を清める

末期の水のあとは、故人の体を清めます。かつては、たらいに水を入れてからお湯を注いでぬるめた「さかさ水」で遺体を洗い清める「湯灌《ゆかん》」を行っていましたが、現在は感染予防を兼ねて、アルコールで全身を拭く「清《せい》拭《しき》」が一般的です。

病院では看護師などが清拭を行いますが、希望すれば家族も手伝うことができます。

清拭がすむと、遺体の鼻や口、耳などに脱脂綿が詰められます。これらの遺体の処置を「エンゼルケア」と呼んでいます。

遺体の口があいているときは、あ

POINT

自宅で看取る場合は主治医に立ち会ってもらう

- 「自宅で最期を迎えたい」と願う人が少なくありません。その意思を尊重するためには、主治医に相談し、いざというときは臨終に立ち会ってもらえるよう依頼して、了解を得ておきます。
- 死が予測される状態に陥ったら、「少し様子がおかしくなりましたので、往診をお願いします」と、すみやかに連絡をします。
- 臨終に立ち会った医師が、呼吸停止や心拍停止、瞳孔散大などを確認した時刻をもって、死亡時刻とされます。

ごを下から押し上げて閉じます。目があいている場合は、上まぶたを押さえて閉じます。目を閉じさせるのは、家族の手によって行うことが多いようです。

死装束と死化粧で旅立ちの準備を

次に新しい下着を着せ、死装束《しにしょうぞく》を整えます。以前は、経文を書いた経帷《きょうかた》子《びら》を着せましたが、現在は故人が気に入っていた服や着物、ドレスなどを着せることが多くなりました。

死後2時間くらいから徐々に死後硬直が起こりますから、着替えはその前にすませるようにします。

さらに、「死化粧《しにげしょう》」をほどこします。ほおがこけていたら綿を含ませ、つめを切りそろえ、髪を整えます。男性ならひげをそり、女性には薄化粧をします。

臨終後の儀式

①割り箸の先に巻きつけた脱脂綿や綿棒に水を含ませ、故人の唇を湿らす「末期の水」

②故人の体を清める「湯灌」。現在はアルコールによる清拭が一般的

③現在は故人が好んだ服などを「死装束」にすることが多い

④「死化粧」は家族が故人にしてあげられる最後の世話。自宅または斎場などに遺体を運んで行うことが多い

遺体を自宅か安置場所へ搬送する

遺体搬送を葬祭業者に依頼するときは

病室で死後の処置を終えた遺体は霊安室に運ばれ、自宅や斎場に搬送されるまで仮安置されます。

互助会に入っていたり、前もって葬祭業者を決めていれば、連絡をすると、すぐに寝台車で訪れ、遺体を安置場所へ搬送してくれます。

葬儀を行いたい斎場も決まっていれば、葬祭業者が斎場や火葬場の空き状況などを調べてくれます。

葬祭業者が決まっていなければ、葬儀に関する相談センターなどを利用して、遺体の搬送と葬儀も合わせて任せられるところを選ぶといいでしょう。

葬儀に関する相談センター

◆ＮＰＯ 家族葬の会
電話 0120-77-5402
(24時間受付。無料)

◆お葬式と仏事の相談センター
青山サテライトサービス
電話 0120-03-4343
(24時間受付。無料)

同様の相談機関は全国各地に設立されていますので、インターネットなどで最寄りのセンターを調べてみてください。

病院指定の葬祭業者に依頼するときは

病院に出入りしている業者に依頼するときは、遺体を搬送してもらっても、葬儀まで頼む必要はありません。

「搬送のみお願いします」とはっきり伝え、葬儀については、よく検討し、納得のいく業者を選ぶほうが賢明です。

見積りも取らず、葬祭業者にいわれるままに契約すると、予想外の高額な請求をされてトラブルに発展することがあります。また、家族葬のようなこぢんまりとした葬儀を希望する場合は、そうした小規模葬儀に慣れている業者であることが重要ですから、あせって頼んだりしないことです。

ただし、搬送だけ依頼したときは、葬儀を依頼する業者と2つの業者がかかわることになり、場合によっては料金的に高くついてしまうことがあります。それを避けるためにも、葬祭業者は亡くなる前に決めておき、搬送の段階から依頼することが望まれます（葬祭業者の選び方については40ページ参照）。

なお、遺体を寝かせたまま運べる大型車が用意できれば、遺族が運転して搬送することもできます。

ただし、その場合は、自然死（病死）であることを証明できるように、死亡診断書を携帯する必要があります。死亡診断書は、臨終に立ち会った医師が書いて渡してくれます（67ページ参照）。

病院から斎場へ搬送するケースが増えている

死後の処置を終えたら、一般には遺体を自宅へ搬送して通夜まで安置します。

家族葬の場合は、住宅事情などによって、自宅には帰らず、通夜・葬儀を行う斎場へ病院から直接搬送することが多くなっています。

そのほか、病院の保冷室に遺体をひと晩寝かせ、翌日霊安室で納棺をすませてから火葬場へ直行するケースもあります。

すぐに葬儀ができないときは、遺体を保冷庫に預ける

火葬場が混んでいたり、休業日で予約が取れない場合があります。ほとんどの火葬場は、暦の「友引《ともびき》」の日は休みになっています。これは「死者が友を引く」といって、昔から葬儀を避ける習わしがあるからです。正月3が日も休むところが多いようです。

そのような事情で火葬ができず、葬儀まで数日待たされることがあります。その間は、葬祭業者と相談して、斎場や火葬場に設けられている保冷庫に遺体を一時預かってもらいます。

COLUMN

遺体の防腐・修復ができる「エンバーミング」

「エンバーミング」とは、遺体に消毒・防腐・感染予防・修復・化粧といった処置を行うもので、「遺体衛生保全処置」と訳されています。エンバーミングを行うと、遺体を長期間衛生的に保存できます。事故で傷ついた顔や体、闘病などで変わってしまった姿を修復することもできます。

欧米では広く行われており、日本でも、事故死した人や、葬儀日程を延ばす場合、きれいな姿で送りたいと希望する人が増えています。費用は15～30万円くらいです。

自宅や外出先、遠隔地で死亡した場合は

自宅や外出先で死亡した場合は

自宅や外出先などで倒れ、医師に診てもらう間もなく急死したり、家族が気づいたときには亡くなっていたようなときは、すぐに警察を呼び、検視をしてもらう必要があります。

検視がすみ、死体検案書が作成されるまでは、遺体を動かすことはできません。

死体検案書ができたら、葬祭業者や訪問看護師に清拭《せいしき》などのエンゼルケアをしてもらいます。

自宅で亡くなった場合は、お別れに湯灌《ゆかん》をするのもよいでしょう。葬祭業者に依頼すると、湯灌用の浴槽を運び込んで、全身を洗い清めてくれます。

外出先で亡くなった場合は、葬祭業者に依頼して、自宅か斎場に搬送します。遠方であれば飛行機で搬送することもできます。また大型車が用意できれば、死亡診断書（死体検案書）を携帯のうえ、家族が運ぶことも可能です。

旅行先などでは現地で火葬することもある

自宅から遠く離れた旅行先などで亡くなったときは、現地で火葬まですませ、遺骨を持ち帰るケースも多いようです。

その場合は、現地の役所に「死亡届」と「死体火葬許可申請書」を提出し、「死体火葬許可証」を交付してもらい、火葬します。その後自宅に戻ってから葬儀を行います。

大人の遺骨はかなり重いので、電車などで遺骨を持ち帰るときは落としたりしないよう、十分気をつけましょう。飛行機を使用するときは、航空会社に相談します。

事故や自殺、他殺などで亡くなった場合は

交通事故や火災などに遭い、病院に運ばれてから亡くなった場合は、死因がはっきりしていればすぐに死亡診断書を書いてもらえますから、そのまま遺体を搬送できます。

事故や自殺・他殺などで、病院に運ぶ間もなく亡くなった場合、あるいは死亡の原因が特定できないときは、

「変死」として扱われます。遺体に触れたり動かしたりせず、すぐに警察に連絡しなければなりません。警察による検視が行われ、死因がわからないときは解剖が行われます。これを「行政解剖」といいます。犯罪の疑いがある場合は、「司法解剖」と用語が変わります。病気入院中に死亡した場合は、医学の研究のために主治医が遺族の了解を得たうえで解剖を行うことがありますが、これは「病理解剖」と呼ばれています。

検視や解剖が終わると、死亡診断書の代わりに警察から死体検案書が交付され、遺体が戻されます。

山や海で遭難し、死亡が明らかになっても遺体がなかなか発見されなかったり、すぐに戻らないことがあります。そのようなときは、身内で仮葬儀を行い、遺体が戻ってから本葬儀を営みます。

海外で死亡したとき

海外で死亡し、火葬に付して遺骨を持ち帰るときは、現地の医師による死亡診断書、火葬証明書、日本大使館か日本領事館発行の出国証明書などの書類が必要です。

火葬をせず、遺体そのまま持ち帰りたい場合は、現地の葬儀社に遺体のエンバーミング（53ページ参照）をしてもらい、空輸棺に納棺します。

現地の医師による死亡診断書、現地の日本大使館や領事館発行の埋葬許可証、現地の葬儀社発行の遺体防腐処置証明書が必要になります。

これらの書類と亡くなった人のパスポートを日本大使館に提示して、日本への遺体送還を許可してもらいます。

なお、遺体は貨物とみなされるため、機内の客室に運ぶことはできませんが、一般の貨物とは区別して丁重に扱われるようです。また、緊急貨物となるので、到着して引き取るまで数日待たされるようなこともありません。

航海中に死亡した場合は

海洋航行中に船内で死亡したときは、船員法によって、水葬（遺体を海に沈める葬送儀式の1つ）が認められています。その場合は、船舶が公海にあること、伝染病による死亡以外は死後24時間経過していること、衛生上船内に保管できないこと、船長が本人の写真を撮影して遺髪や遺品を保管すること、などが条件として定められています。葬儀は、その遺影や遺品などが戻ってから行うことになります。

遺体を安置して枕飾りをする

遺体を迎える準備と神棚封じ

遺体を自宅に迎え入れるときは、座敷や仏間など、遺体を安置する部屋を片付け、ふとんを準備しておきます。

神棚がある家庭では、神聖な場所である神棚に死の汚れが入らないよう、扉を閉め、半紙などの白い紙を張って「神棚封じ」をします。神棚に扉がついていない場合は、前面に白い紙を張ってご神体を隠します。

神棚封じは、四十九日の忌明《きあ》けまで続け、その間は灯明《とうみょう》をつけたりすることも避けます。

宗派や地方によっては、仏壇の扉も閉める場合があります。

遺体は北や西に頭を向けて安置する

遺体は、納棺するまでは頭を北、足を南に向ける「北枕」にして安置します。これは、お釈迦さまの涅槃《ねはん》の姿（入滅したときの姿のことで、右わきを下にして、頭は北、顔は西を向いていたといわれている）にならったものです。

部屋の都合で北枕にできない場合は、極楽浄土の方向である西か仏壇に頭が向くように安置します。

このように安置することを「枕直し」といいます。

ふとんは、遺体が温まって傷まないように、掛・敷とも薄いものを用います。このとき、掛けぶとんは上下逆にするのが習わしです。シーツは白の新しいものか、きれいに洗たくしたものを敷きます。枕は遺体の口が開くのを防ぐために、高めのものを用いるとよいでしょう。

故人の手は胸元で組ませ、数珠を手首にかけるか手のそばに置きます。顔には大きめの白い布を掛けます。

掛けぶとんの上に紋服《もんぷく》を上下さかさまに掛けたり、魔よけの意味で「守り刀」を胸元に置くことがあります。その場合は、刃先を足元に向けて置きます。

守り刀は葬祭業者が木刀を用意してくれますが、ナイフやかみそり、はさみなどでもかまいません。

なお、病院から直接斎場へ遺体を運ぶ場合は、病院で納棺までですませることもありますし、斎場に搬送してそこで納棺することもあります。

枕飾りをし、線香やろうそくの火を絶やさない

遺体を安置したら、「枕飾り」を整えます。白木の台や白い布をかけた小机を用意し、三具足《みつぐそく》（香炉《こうろ》、燭台《しょくだい》、花立て）を置きます。

香炉には線香を1本立て、線香の火を絶やさないようにしましょう。花立てには樒《しきみ》か白菊を飾ります。宗派や地方によっては、鈴《りん》、湯飲み茶碗、枕団子、枕飯（一膳飯）などを飾ることがあります。

枕飾り用の小机や三具足は、葬儀のセット料金に含まれていますが、葬祭業者が決まっていない場合は、自宅の仏壇にある三具足を利用します。また、樒や白菊ではなく、故人の好きな花を飾るのもよいでしょう。

遺体の安置と枕飾り

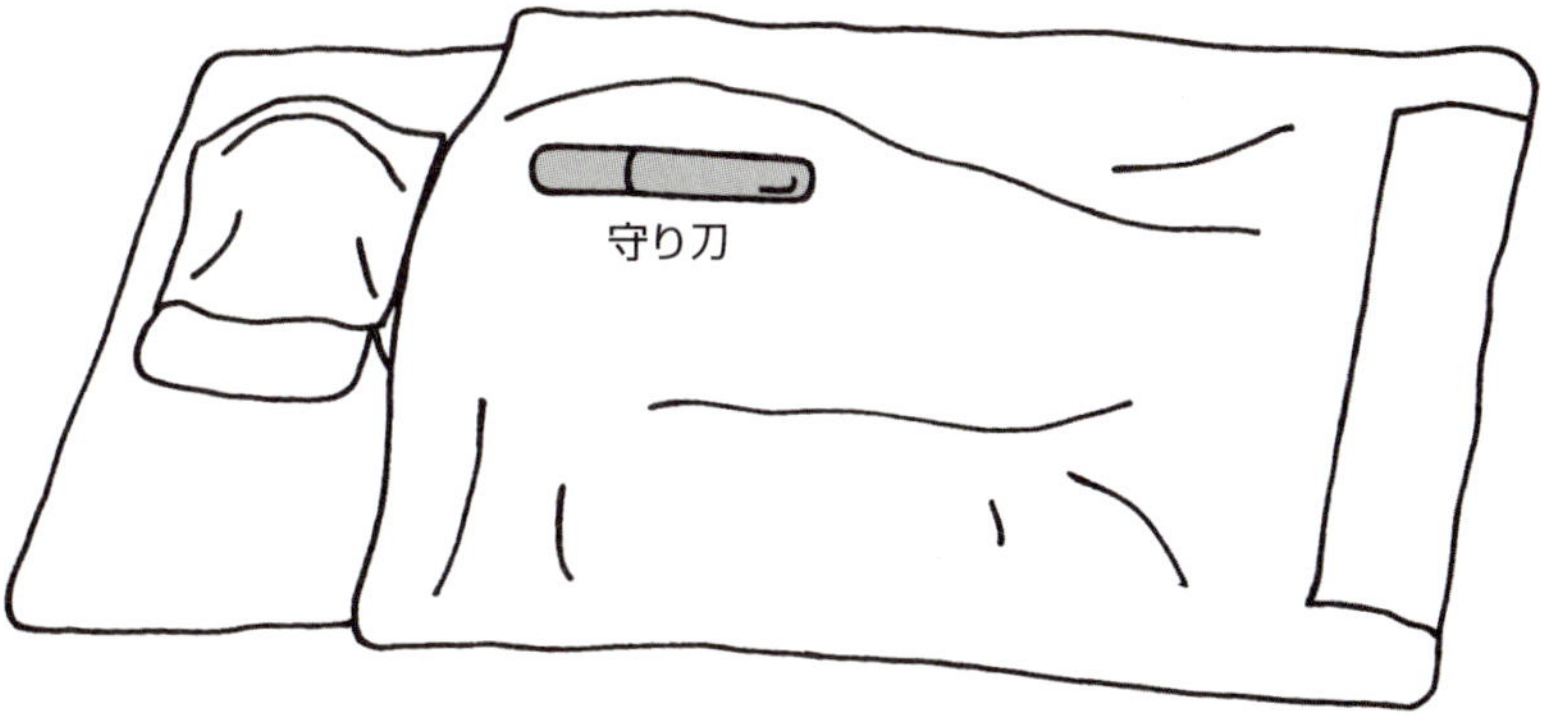

死は常のことではないという意味で、「さかさごと」といい、死装束も通常と逆に左前に着せ、掛けぶとんも上下さかさまにするのが習わし

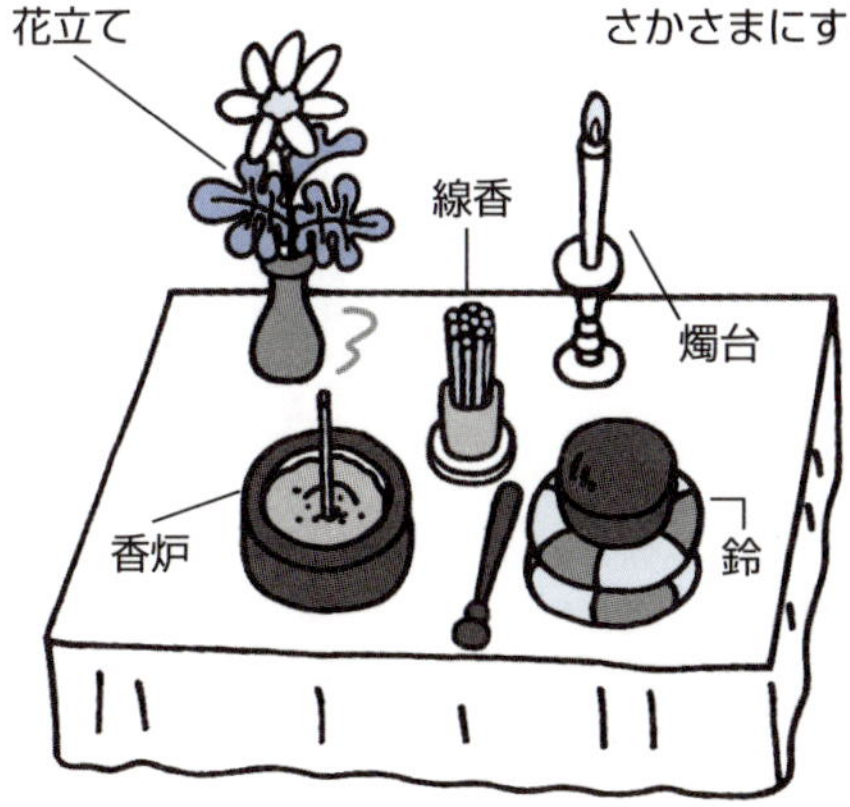

枕飾りは遺体の枕元か脇に置く。通夜前の弔問客には、枕飾りで焼香をしてもらう

家族葬に慣れている葬祭業者を選ぶ

依頼する前に、家族で葬儀のイメージを決める

自分の葬儀について故人が書き残していたものや言い残していたことがあれば、不可能なことでないかぎり故人の遺志に添うべきです。

故人が葬祭業者と生前予約（契約）をしていた場合は、葬祭業者に正式に依頼し、葬儀について改めて打ち合わせをします。

葬祭業者が決まっていない場合は探さなければなりませんが、その前に、どのような葬儀を行うか、遺族の間である程度決めておかなければなりません。とくに次の4点についてははっきりさせておきましょう。

① 葬儀の規模　参列者の人数はどのくらいか。故人の友人・知人の代表にも参列してもらうかなど。

② 葬儀の形式　宗教葬か無宗教葬か。仏式であれば宗派。そのほかとくに希望する形式など。

③ 通夜から葬儀までの全体の予算

④ 通夜や葬儀をどこで行うか　自宅か斎場か。斎場ならどの地域のどのようなところがよいかなど。

葬祭業者選びは慎重に

葬祭業者は、電話帳やインターネットで調べる、菩提寺から紹介してもらう、知人から紹介してもらうなどの方法があります。いずれにしても、家族葬のような小型の葬儀を数多く手がけてきた葬祭業者を選ぶこ

COLUMN

僧侶への連絡と戒名（仏名）の依頼

菩提寺《ぼだいじ》があれば死後すぐに連絡し、葬儀の日程や戒名について相談します。菩提寺が遠方で葬儀に来てもらうのが無理であれば、同じ宗派の寺院を紹介してもらいます。戒名は菩提寺から授けてもらいます。菩提寺がない場合は、葬祭業者に紹介してもらいます。

本来は枕経（68ページ参照）をあげてもらったあとに僧侶と打ち合わせをしますが、枕経は省略して、喪主か親族代表がお寺まで出向いて打ち合わせをすることが多くなっています。

とが第一です。葬儀に関する相談センターでは、相談者の希望に添った葬祭業者を紹介してくれますから、積極的に利用するとよいでしょう。

葬祭業者を選ぶときの注意点は、葬儀を間近に控えている場合でも、40ページで述べたとおりです。葬儀の規模、形式、予算、場所などについての希望を伝え、対応ぶりや費用について確認しましょう。費用を確認するときは、その費用には何が含まれていて、何が含まれていないかを必ず確認します。

葬儀の打ち合わせをするときの注意点

葬祭業者が決まったら、担当者に来てもらい、アドバイスを受けながら葬儀全体のプランを具体的に決めていきます。

このとき、不明な点や疑問があったら、どんな小さなことでも確認し、要望があればしっかりと伝えることが大切です。祭壇や棺を選ぶときは、それらの写真などを見せてもらい、できるだけ具体的な提案をしてもらいましょう。

そのほか、葬祭業者に任せる仕事内容と、遺族側でしなければならないことなども明確にしておきます。

全体のプランが決まったら、プランに添った見積書を出してもらい、1つひとつをチェックします。

見積り金額に含まれているもの、そのほかに別途費用として何がどのくらいかかるかなども忘れずに確認しましょう。僧侶へのお礼や飲食代なども含め、葬儀全体にかかる費用を計算します。

見積書だけでなく、何をどのように行うかなどを仕様書にまとめてもらうとよいでしょう。

葬祭業者と話し合うときのポイント

Point1
要望を具体的に伝える
Point2
見積書を取って細かくチェックする
Point3
お互いの仕事の分担をはっきりさせ、仕様書にまとめてもらう

通夜、葬儀・告別式の日程と場所を決める

葬儀の日時や場所を決定する

通夜から葬儀・告別式の日程は、僧侶の都合と、希望する斎場や火葬場の使用できる日時などを確認して決定します。

葬祭業者任せにして、斎場や火葬場の都合に合わせて日程を決めたりすると、あわただしくて故人とゆっくりお別れができずに悔いが残ることもあります。

また、斎場によっては、宿泊施設がなく、ずっと故人のそばについていることができないところもありますから、斎場選びも大切です。

故人と過ごす時間を考慮して日程と斎場を決めましょう。

通夜、葬儀の日程と場所を連絡する

葬儀の日時・場所が決まったら、葬儀に参列してもらいたい人に遺族が電話で直接連絡します。

知らせる際は、近親者とごく親しい人だけの家族葬にするため、内々にしておいてほしいということを必ず伝えます。それを忘れると、多くの人に伝わって、予定以上の人が参列して希望どおりの葬儀が行えないこともあります。

香典や供物を断る方針なら、その旨も伝えます。葬儀の形式（仏式か無宗教式かなど）も伝えると、相手は数《じゅ》珠《ず》の用意をすべきかどうかといったことに迷わずにすみます。

POINT

通夜・葬儀の式場選びと、参列者への連絡のしかた

- 通夜から葬儀・告別式を行う場所は、参列者の人数に見合った広さで、自宅のような感覚で故人にひと晩付き添えるところが適しています。遺体を搬送する際に、葬祭業者に相談して、できるだけそうした雰囲気に近い斎場を探してもらうといいでしょう。
- 参列してほしい人へ連絡するときは、日時と場所だけでなく、内輪の葬儀であることを明確に告げます。葬儀が終わるまで、ほかの人には伏せておいてほしい旨もはっきり伝えましょう。

通夜、葬儀・告別式、火葬の一般的な日程例

	1日目(死亡当日)		2日目		3日目	
	午前	午後	午前	午後	午前	午後
本来の葬儀	死亡	通夜	葬儀・告別式 火葬			
		死亡 仮通夜		通夜	葬儀・ 告別式	火葬
家族葬	死亡	通夜	葬儀・ 告別式	火葬		
		死亡 仮通夜		通夜	葬儀・告別式 火葬	
通夜葬	死亡	仮通夜		通夜式	火葬	
		死亡 仮通夜		通夜式	火葬	
火葬式	死亡	仮通夜		火葬式		
		死亡		仮通夜	火葬式	

※火葬は、死後24時間以上経過しないとできません。
※通夜・葬儀・火葬のスケジュールは、斎場や親戚の都合などにより、もっと延びるケースが少なくありません。

死亡・葬儀の電話連絡例

○○○○の長男の悠一でございます。本日10時、父が亡くなりましたのでお知らせいたします。

通夜は○月○日○時から、葬儀・告別式は○月○日○時から、ともに○○(場所)の□□ホールにて行います。

故人の遺志により、葬儀は近親者と親しい方のみで、仏式にて家族葬を行います。原田さまにはぜひご参列いただきたく、ご連絡申し上げました。

恐縮ですが、ほかの皆さまには葬儀後にご通知いたしますので、内々ということでご承知おきいただけますでしょうか。

なお、内輪の葬儀でございますので、香典・供花などのご心配はなさいませんようお願いいたします。

9 祭壇、遺影、棺の準備をする

最近好まれているのは花で飾る生花祭壇

これまでの仏式の葬儀では、白木の祭壇を設け、そのまわりを花で飾るというスタイルが一般的でした。祭壇の大きさはさまざまで、祭壇には白木の位牌《いはい》や遺影、供物、法具などを飾ります。

現在は、祭壇も様変わりしてバラエティ豊かになっています。仏式の葬儀であっても、白木の祭壇を用いず、祭壇全体を花で飾ったり、遺影と棺のまわりを生花で囲み、手前に焼香台を置く生花祭壇も好まれています。

花も菊や白百合といったものだけでなく、カラフルな洋花も幅広く取り入れられており、故人が好きだった花を飾ることもあります。

また、参列者が少ない場合は、棺を中央に安置してまわりを花で飾り、その前に焼香台を置いて、周囲を参列者が囲むというスタイルも広がりつつあります。

祭壇のしつらえ方によって、葬儀の雰囲気は大きく変わります。家族や葬祭業者とよく相談して決めましょう。多くの場合、基本のセット料金の中に祭壇や棺が組み込まれていますが、好みのものに変更することもできます。

故人の人柄がしのばれる写真を遺影に

遺影は葬儀がすんだあとも部屋に飾り、故人をしのぶよすがになるものです。

故人が遺影の写真を指定している場合は、それを葬祭業者に渡し、葬儀用に引き伸ばしてもらいます。故人が何も指定していない場合は、家族でもっともその人らしい表情をしている写真を選びましょう。

以前は紋服《もんぷく》やスーツなどの改まった服装で、まっすぐカメラを見つめている写真が遺影として使われましたが、現在は楽しそうに笑っている顔や、カメラ目線ではない自然な表情など、カジュアルな雰囲気の写真も好まれています。黒いリボンもつけないのがほとんどです。

遺影を選ぶ作業は心を癒すものです。家族で思い出を語りながら選ぶのもよいでしょう。

色とりどりの生花で飾った生花祭壇。布貼り棺のまわりにも生花を飾り、その前に焼香台を設置したケース

写真提供
有限会社サービスセンター白備

フラッシュ棺の上に棺おおいの布をかぶせ、遺影や棺のまわりに生花を配した例。少人数の家族葬では、棺を囲むように椅子を置くことも多い

写真提供
有限会社サービスセンター白備

COLUMN

棺にもいろいろな種類がある

棺は、故人と対面できるよう、ふたに開け閉めできる窓がついている「寝《ね》棺《かん》」が一般的です。いろいろなタイプがありますが、大きく3つの種類に分けられます。

- 天然木棺……檜《ひのき》、樅《もみ》、桐《きり》、杉などの天然木で造られた棺。側面などに飾り彫りがあるものや、漆《うるし》塗りのものもある。
- フラッシュ棺……木枠の骨組みに、桐や欅《けやき》などの合板を貼り付けたもの。側面などに飾り彫りがあるものもある。
- 布貼り棺……フラッシュ棺の上に布を貼ったもの。ビロードを貼った上級品もある。故人が女性の場合によく用いられる。

家族以外の人が参列する場合は、喪主を決め、会葬礼状などを用意する

小さな葬儀でも喪主は必要

喪主は葬儀を執行する当主であり、その後の法要の施主《せしゅ》も務めることになります。故人が喪主を指定している場合はそれに従いましょう。通常は故人ともっとも縁の深い人が喪主になります。故人の配偶者や長男・長女、配偶者も子どももいない場合は親やきょうだいなどが務めます。

喪主は、通夜や葬儀の間、故人のそばに付き添い、参列者の対応をします。

通常の葬儀では、喪主のほかに世話役などを決めることもありますが、現在は葬祭業者に多くの部分を手伝ってもらえます。家族葬の場合は、必要に応じて家族で分担して進めていきましょう。

会葬礼状や返礼品は家族葬では省略することも

会葬礼状は、本来は葬儀・告別式のあとに参列者に郵送するものでしたが、当日手渡しすることが多くなっています。

会葬礼状とともに返礼品を渡すことも多く、返礼品には、ハンカチやお茶、お酒、プリペイドカードなどがよく使われています。

家族葬の場合は、参列者数が少なく、ほとんどが身内であれば、会葬礼状や返礼品を省略するケースもあります。用意するかどうか、いつ渡すかなどは、参列者の顔ぶれや人数によって決めてもよいでしょう。経験豊富な葬祭業者なら、そうしたことについて適切なアドバイスをしてくれます。

会葬礼状の費用は、基本のセット料金に含まれている場合もあります。含まれていなくても、葬祭業者に頼んで用意してもらうことができます。

会葬礼状の文面は、用意されている既成のものを利用しても失礼にあたりませんが、できればオリジナルなものをつくりたいものです。

参列者に対する感謝の気持ちだけでなく、故人との思い出を書いたり、印象に残っている故人のことばや写真などを添えたりすれば、その分費用はかかりますが、心のこもったものになるでしょう。

一般的な会葬礼状の文例

亡夫○○○○の葬儀および告別式の際はご多用中にもかかわらずご会葬いただき　かつ過分のご厚志を賜り誠にありがとうございました　心より御礼申し上げます
本来ならば拝眉のうえ御礼申し上げるべきところでございますが　略儀ながら書中をもってご挨拶申し上げます

平成○年○月○日

喪主　○○○○
外　親戚一同

＊毛筆で巻き紙に書いていた時代の名残から、文面には句読点を入れず、縦書きにするのが慣例

＊黒やグレーの縁取りのあるはがきやカードに印刷し、同様の縁取りのある角封筒に入れ、「会葬御礼」と表書きするのが一般的

オリジナルな会葬礼状の文例

亡母○○の逝去に際しましては、お忙しいところご会葬くださいましてまことにありがとうございました。
故人の遺志により、生前親しくさせていただいたご友人と家族・親族のみの葬儀とさせていただきましたが皆さまには故人が好きだった蘭の花を手向けていただき、故人もさぞ満足していることと存じます。
皆さまにはことばでは言い尽くせぬほどの厚い温情をいただきましたことを感謝し、御礼申し上げます。

平成○年○月○日

喪主　○○○○
外　親戚一同

＊句読点をつけるほうが自然

＊横書きでもよい

＊封筒も、華美なものでなければどのようなものでもかまわない

COLUMN

香典返しを当日に行うこともある

香典返しは四十九日の忌明けごろに送るのが一般的ですが、「当日返し」「即返し」として葬儀当日に手渡しすることもあります。

当日返しにする場合の表書きは「志」とします。

家族葬の場合、故人の遺志や家族の意思によって香典を辞退することもありますが、香典を受け取る場合は、香典返しをどうするかも決めておきましょう（香典返しについては92ページ参照）。

11 死亡届を提出し、火葬許可証を受け取る

死亡届は死後7日以内に届ける

「死亡届」は「死亡診断書（死体検案書）」と1枚の用紙になっています。死亡が確認されると、臨終に立ち会った医師が、右側の死亡診断書に死因などを記入して渡してくれますから、左側の死亡届に必要事項を記入し、役所に提出し、戸籍や住民票の除籍手続きをしてもらいます。

死亡届は、死後7日以内に提出しなければなりません。届け出るときは届出人の認印が必要です。

届出人になれる人は、①同居の親族、②同居していない親族、③親族以外の同居者のほか、家主や家屋管理人、土地管理人などです。提出するだけなら、葬祭業者に代行してもらうこともできます。

提出する先は、①故人の本籍地、②届出人の現住所、③死亡した場所のいずれかの役所の戸籍係です。

旅先で死亡した場合は、その土地の役所に提出します。死亡届は、土・日曜や祝日、夜間でも受け付けてくれます。故人の本籍地以外に届け出るときは、死亡届が2通必要になる場合もあります。

死体火葬許可証を交付してもらう

死亡届を提出したら、その場で「死体火葬許可申請書」に必要事項などを記入して提出します。死体火葬許可申請書は役所にありますが、火葬の日時や場所を記入する必要がある場合もあります。

死体火葬許可申請書を提出すると、「死体火葬許可証」が交付されます。この死体火葬許可証は火葬の際に必要なもので、火葬後、火葬証明印を押して返してくれます。これが埋骨時に必要な「埋葬許可証」となり、多くの場合、骨壷と一緒に箱に納めてくれます。分骨をする場合は、複数枚の埋葬許可証を発行してもらいます。

埋骨許可証は、5年間保存することが義務づけられています。

死亡届を提出するときの注意点

死亡届を提出しないと火葬できませんから、できるだけ死亡当日か翌

死亡診断書と死亡届の用紙

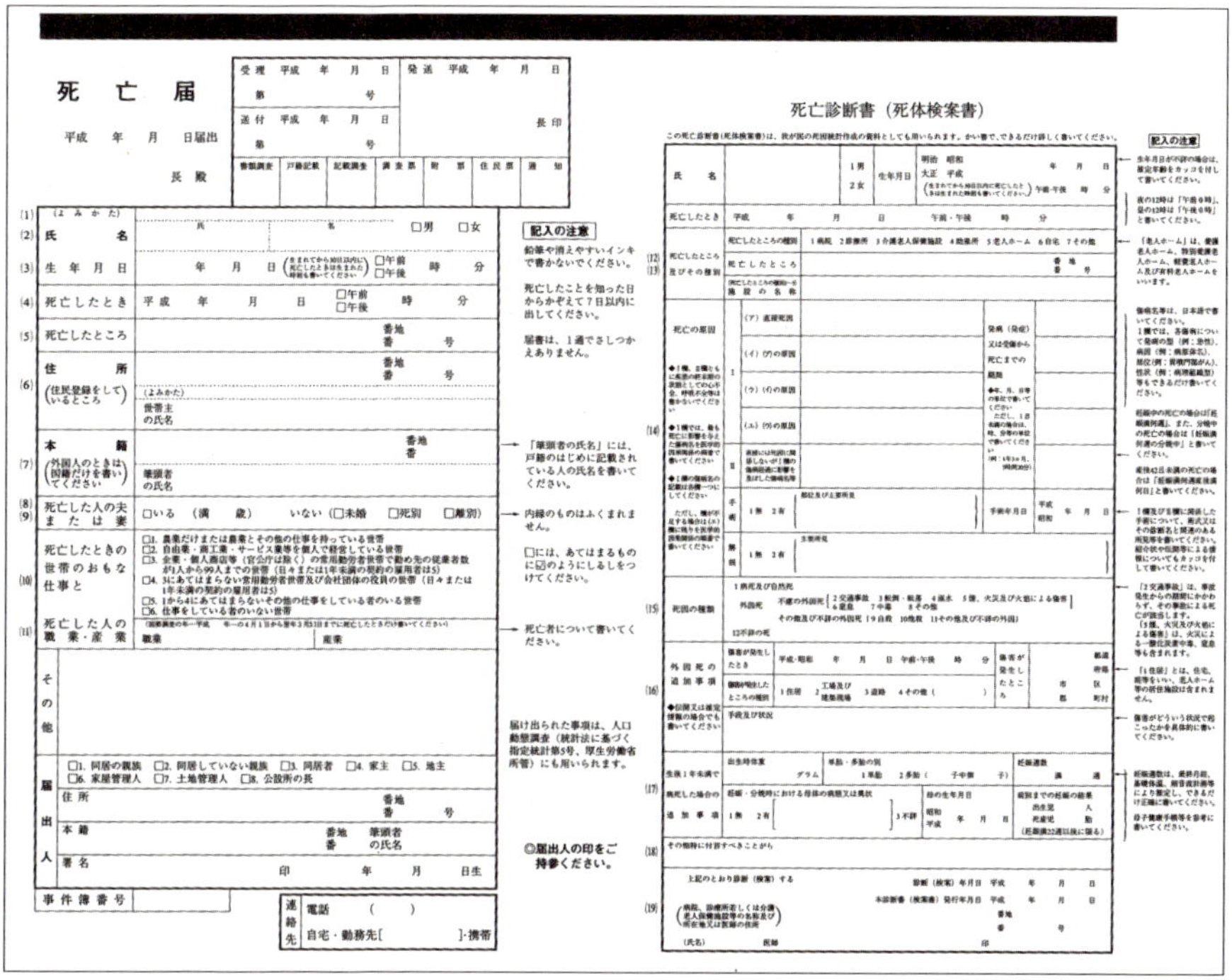

- ●死亡が確認されると、臨終に立ち会った医師が、右側の「死亡診断書」に死因などを記入してくれる
- ●左側の「死亡届」に、遺族が、故人の氏名・生年月日・死亡した日時・住所・本籍地などを記入する
- ●死後7日以内に役所に提出する（葬祭業者に代行してもらうことができる）

日には届け出たいものですが、あとのことを考えずにあわてて提出するといろいろな面で困ることがあります。届け出る前に、次の点に注意しましょう。

●死亡診断書はコピーを取っておく

死亡届と対《つい》になっている「死亡診断書（死体検案書）」は、生命保険や国民年金・厚生年金などの請求手続きをするときに必要になります。提出する前に何部かコピーを取っておきましょう。

●故人名義の預貯金は封鎖される

死亡届を提出すると、故人名義の預貯金口座はいったん封鎖されてしまい、遺族であってもすぐには引き出すことができなくなります。

故人名義の預貯金を、病院への支払いや葬儀費用にあてる必要があるときは、死亡届を提出する前に引き出しておきましょう。

12

納棺をして、僧侶に戒名を依頼する

菩提寺がある場合は枕経をあげてもらう

「枕経」は、遺体がふとんに安置されている状態のときに、成仏を願ってあげてもらうお経です。

菩提寺《ぼだいじ》が近くにある場合は、僧侶に依頼し、死者の枕元でお経をあげてもらいます。その間、遺族は僧侶のうしろで静かに聴き、故人の冥福を祈ります。

葬儀や戒名《かいみょう》について僧侶と打ち合わせをするのは、この枕経がすんでから行うのが慣例でした。

しかし最近は、菩提寺がない家が増えていることや、遠方で来てもらえないなどの理由で、枕経は省略されることが多くなっています。

愛用した品とともに遺体を棺に納める

枕経のあと、または通夜の前に、家族や親族がそろったところで遺体を棺に納めます。自宅から斎場に向かう場合は、斎場に遺体を搬送する前に納棺を行います。

納棺する際は葬祭業者にすべてを任せるのではなく、業者の手を借りながら遺族が中心になって行うようにしましょう。

浄土真宗以外の宗派では、冥土《めいど》への旅支度として、頭に天冠《てんかん》をつけ白い経帷子《きょうかたびら》を着せ、手足に手甲《てっこう》と脚絆《きゃはん》をつけ、白足袋《たび》と草鞋《わらじ》を左右逆にはかせ、三途《さんず》の川の渡し賃となる六文銭《ろくもんせん》を入れた頭陀袋《ずだぶくろ》を首から下げる「死装束」に整えて棺に納めるのが昔からの習わしでした。

現在は、そうした死装束を着せる代わりに、葬祭業者が用意した布や紙製の略式の経帷子を棺の中に入れるだけのことが多くなっています。

棺には、故人が愛用した品や、故人への手紙、持たせたいものなども一緒に納めます。ただし、金属やガラス製などの燃えにくいものは入れることができません。故人が使っていたメガネや時計などは骨壷の中に入れるとよいでしょう。

戒名（仏名）は菩提寺の僧侶につけてもらう

「戒名（仏名）」とは、仏の弟子になった証《あかし》として僧侶に与えられる名前のこ

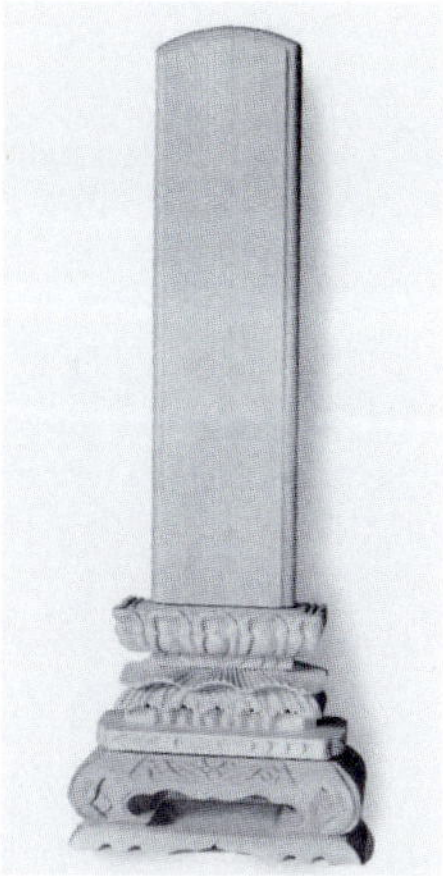

白木の位牌

四十九日の忌明けまでは、故人の魂はまだ家の軒下にいると考えられており、白木の位牌が用いられる

本位牌

四十九日が過ぎると、故人の魂は成仏すると考えられており、その証として本位牌を仏壇に安置する

写真提供　株式会社鍵屋

とです。本来は生前に与えられますが、仏式の葬儀を通して仏の弟子になるという意味で死者に仏名が与えられます。

一般には「戒名」と呼ばれていますが、これは天台宗や真言宗、曹洞宗、浄土宗、臨済宗などでの呼び方で、浄土真宗では「法名《ほうみょう》」、日蓮宗では「法《ほう》号《ごう》」と呼びます。仏名のつけ方は宗派によって異なります。

仏名は菩提寺の僧侶に依頼し、納棺までか、遅くとも通夜までにはつけてもらいます。

菩提寺が遠いために読《ど》経《きょう》を別のお寺にお願いする場合でも、菩提寺に依頼します。

菩提寺以外のところで戒名をつけてもらうと、菩提寺に埋葬できない、過去帳に記載されないなどの問題が生じることもあります。

寺院墓地ではなく、民営や公営の墓地・霊園であれば、どこのお寺で戒名をつけてもらっても埋葬することができます。

戒名は白木の位牌に書いてもらう

戒名は、僧侶が白木の位牌に書きますが、最近は半紙に書いたものを貼り付けることが多いようです。白木の位牌は故人の魂が成仏するまでの仮のもので、葬儀の際は、遺影や遺骨とともに祭壇に安置されます。火葬後は、遺骨とともに後飾《あとかざ》りに安置し、納骨の際に菩提寺に納めます。

納骨後は黒塗りや金箔《きんぱく》を貼った位牌（本位牌）に戒名を彫ってもらい、仏壇に安置します。この位牌はいわば故人の象徴であり、成仏した証《あかし》となるものです。

なお、浄土真宗では、位牌を使わず、過去帳や法名軸を用います。

通夜の準備・確認をする

通夜ぶるまいの手配と会葬礼状などの確認をする

通夜では、僧侶の読経が終わると、僧侶や弔問客を酒と軽い料理でもてなします。これを「通夜ぶるまい」といいます。通夜ぶるまいには、故人を供養するという意味と、弔問に対するお礼の意味があり、死の汚《けが》れを清め、故人を供養するものとして、日本酒やビールなどの酒を用意するのが習わしです。

弔問客にひととおり行き渡る程度のお酒と、すしやサンドイッチ、おつまみなどを、葬祭業者か仕出し屋などに用意してもらいます。

通夜ぶるまいの料理とは別に、遺族の食事も用意しましょう。

通夜ぶるまいの費用は、葬祭業者へまとめて支払う場合と、仕出し屋などへ個別に支払う場合があります。

そのほか、会葬礼状や返礼品、香典の当日返しなどを手配している場合は、その確認もします。

席次や焼香順を確認する

通夜は、もともとは遺族や近親者だけで行っていたため、喪主が棺のそばに座る以外、席次についての決まりはとくにありません。

しかし、席順に従って焼香をするため、ある程度決めておくほうがよいでしょう。親戚のなかに席次や焼香の順番にこだわる人がいる場合は慣例に従うほうが無難です。

家族葬の通夜の席次例

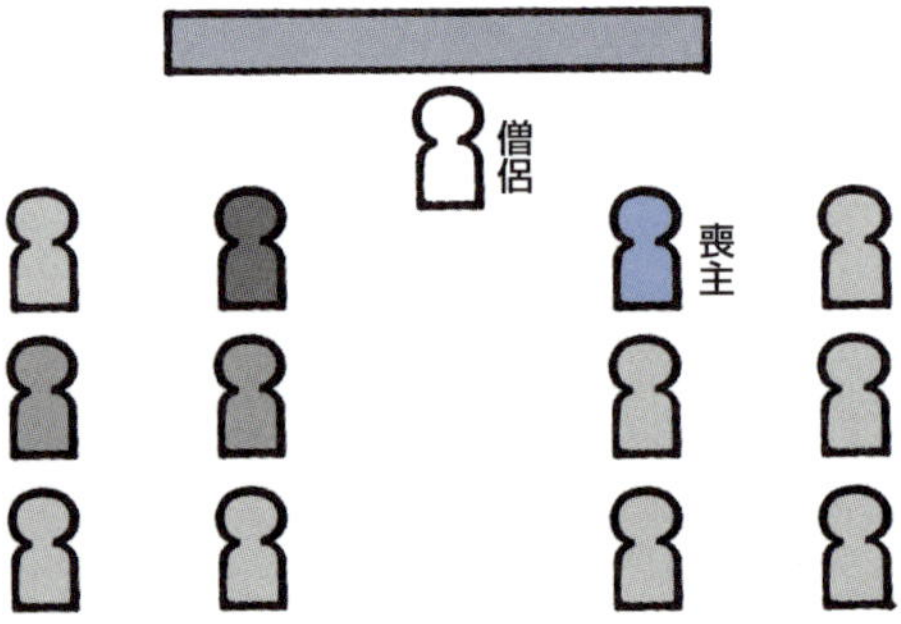

喪主は僧侶の右後方に座り、ほかの人たちは故人と関係の深い順から前に座るのが一般的

一般的には、祭壇に向かって右側が遺族、左側が友人・知人などで、故人と関係の深い順から前に座ります。家族葬の場合は、祭壇の前に喪主や遺族が座り、ほかの人はそのまわりに座ってもよいでしょう。

僧侶へのお礼の目安

枕　経		3～10万円
お戒名	信士・信女	20～40万円
	居士・大姉	30～50万円
	院号	50万円～
読経（通夜・葬儀の2日間）		20～30万円
火葬場でのお経		5～10万円
御車代（近距離の場合）		1万円／1日
御膳料		5千円～1万円

僧侶へのお礼や茶菓を用意する

僧侶へのお礼は、僧侶が通夜を終えて控え室に戻り、喪主が挨拶に伺ったときに、通夜・葬儀の分をまとめて渡すとよいでしょう。

戒名料や読経料は、「御布施《おふせ》」として白い封筒に入れ、小さなお盆にのせて渡します。戒名料は「御戒名料」として、分けて渡す場合もあります。

喪家が送迎用の車を用意しなかった場合は「御車代」を渡すのが慣例で、通夜、葬儀とそのつど渡すかお布施とともに渡します。そのほか、僧侶が通夜ぶるまいを辞退した場合は「御《お》膳料《ぜんりょう》」を渡すことがあります。御車代や御膳料の金額は地域によっても異なります。

通夜の前後に僧侶をもてなすための茶菓《さか》の用意もしておきます。

POINT

自宅で家族葬を行うときは

- 僧侶を招く場合は祭壇と棺、花を飾るスペース、僧侶が読経をする席と法具を置く場所などで、6畳間の3分の2ほどがふさがります。参列者が少ない場合は、6畳2間続きでドアやふすまを開放できる造りであれば、無理なく自宅葬を行うことができます。なお、僧侶の控え室も確保する必要があります。
- 僧侶を招かず、祭壇も設けない場合は、棺を中央に安置して、そのまわりを参列者で囲み、焼香の代わりに1人ずつ棺の中に献花をする方法もあります。

14 家族葬でも喪主の挨拶は欠かせない

通夜や葬儀・告別式では喪主が挨拶を述べる

通夜や葬儀・告別式では、喪主の挨拶が欠かせません。

通夜の席では、①通夜終了の挨拶、②通夜ぶるまい終了の挨拶をします。

葬儀・告別式当日は、①告別式終了・出棺の挨拶、②精進落とし開宴の挨拶、③精進落とし終了の挨拶を述べます。

いずれの挨拶も本来は喪主が行うものですが、初めに喪主が謝辞を述べて、親族代表がお開きの挨拶などをするケースもあります。また、葬祭業者が司会を兼ねてすべて行うこともあります。

喪主挨拶の内容

	場面	盛り込む内容	備考
通夜	通夜終了の挨拶（葬祭業者がすることが多い）	◆ 通夜参列へのお礼 ◆ 死去の報告、生前の厚誼へのお礼 ◆ 家族葬を行うことにした経緯など ◆ 葬儀・告別式の案内 ◆ 通夜ぶるまいの案内 ◆ 結びの挨拶	ほかに故人の思い出や遺族の心境など
	通夜ぶるまい終了の挨拶（葬祭業者がすることが多い）	◆ 通夜参列やお悔やみのことばへのお礼 ◆ 葬儀・告別式の案内 ◆ 通夜ぶるまいお開きの挨拶 ◆ 結びの挨拶	ほかに遺族の心境など
葬儀・告別式	告別式終了・出棺の挨拶	◆ 自己紹介、会葬のお礼、式終了の報告 ◆ 死去の報告 ◆ 生前の厚誼へのお礼 ◆ 家族葬になった経緯など ◆ 今後の遺族への支援・交誼のお願い ◆ 結びの挨拶	ほかに故人の思い出や遺族の心境など
精進落とし	精進落とし開宴の挨拶	◆ 式で世話になったお礼、式終了の報告 ◆ 開宴の案内 ◆ 結びの挨拶	ほかに今後の遺族への交誼のお願いなど
	精進落とし終了の挨拶	◆ お開きを告げることば ◆ 式で世話になったお礼 ◆ 今後の遺族への支援・交誼のお願い ◆ 結びの挨拶	ほかに納骨の予定など

通夜終了時の喪主挨拶例

本日はお忙しいなかを父○○○○の通夜にお越しいただき、本当にありがとうございました。

父は、昨日午後3時10分、肺がんで息を引き取りました。享年76歳でした。入院中は皆さまからお見舞いをいただき、心からお礼申し上げます。

父の遺志により内輪での通夜にさせていただきましたが、親しくおつきあいいただいた方にお集まりいただき、父も喜んでいることと思います。

ささやかですが、酒肴《しゅこう》の用意をいたしましたので、故人をしのびながらお召し上がりいただければと存じます。

なお、葬儀・告別式は明日○月○日午前○時より、当会場で行います。ご都合がよろしければご会葬くださいますようお願いいたします。

本日はありがとうございました。

通夜ぶるまい終了時の喪主挨拶例

本日は母のためにご弔問くださいましてありがとうございました。お陰さまで、通夜を滞りなくすませることができました。

皆さまからは、私ども遺族に対しても温かな励ましのことばをいただき、感謝しております。

まだ皆さまのご好意に甘えていたいところですが、夜もふけてきましたので、このへんでそろそろお開きとさせていただきます。

明日は午前○時より当ホールで葬儀・告別式を行いますので、ぜひご会葬くださいますようお願いいたします。皆さまに最後のお別れをしていただければ、故人もどれほど喜ぶことでしょう。

どうか足元にお気をつけてお帰りください。ありがとうございました。

POINT

身内だけなら通夜ぶるまいや挨拶は簡単なものでよい

- 通夜ぶるまいには、故人の供養のほかにお清めの意味があり、軽食や酒がつきものですが、家族葬の場合はとくに用意することはありません。故人の好物を手づくりしたものや、紅茶が好きだったら紅茶を一緒にいただくだけでもかまいません。
- 喪主の挨拶も改まったことを述べる必要はなく、「おじいちゃん（故人）は、家族に見守られて幸せな最期でしたね」などと語り合うのも、家族葬ならではの供養のしかたといえるでしょう。

宗教式家族葬
の進め方

15

僧侶を招くときは喪服を着用する

葬儀の形式や規模によって服装のマナーも異なる

喪服は、故人や宗教者に対して礼を尽くす意味で着用するものです。宗教にのっとって葬儀を行う場合は、小規模であっても喪服を着るのがマナーです。

男性は、通夜、葬儀・告別式を通して、ブラックスーツにすることが多くなっています。喪主以外で外出先から駆けつける場合などは、濃紺や濃いグレーのダークスーツを着用することもあります。

女性は、黒無地に染め抜き五つ紋付きの和装か、ブラックフォーマルのスーツやワンピース、アンサンブルの洋装が一般的です。真夏でも、

男性の喪服

●ブラックスーツ

本来、ブラックスーツは略礼装だが、最近は喪主・遺族ともに着用することが多い

黒無地のシングルまたはダブルのスーツ

ワイシャツは白無地。カフスボタンは銀台にオニキスなどの黒石を

ネクタイは黒のものを結び下げにする。ネクタイピンはつけない

靴はシンプルなデザインの黒

●ダークスーツ

遺族は略礼装のダークスーツでもよい

濃紺や濃いグレーの無地のシングルまたはダブルのスーツ。ワイシャツ、ネクタイ、靴はブラックスーツと同じ

長袖か七部袖にします。

アクセサリーは、結婚指輪以外はつけないのが正式ですが、真珠や黒曜石、ブラックオニキスの一連のネックレス、一粒真珠のイヤリングやカフスはつけることができます。ハンカチも色柄物ではなく、白やフォーマル用の黒を用意しましょう。

ごく内輪なら控えめな服装でよい

火葬場に向かうようなときは、喪服を着用しますが、ごく内輪の葬儀なら服装は自由です。

派手な色柄ものやラフすぎるシャツなどは避けるべきですが、清潔で控えめなものなら好みの服装でかまいません。

ただし、親族のなかに慣習にこだわる人がいる場合は、喪服を着用するか、地味な装いにします。

女性の喪服

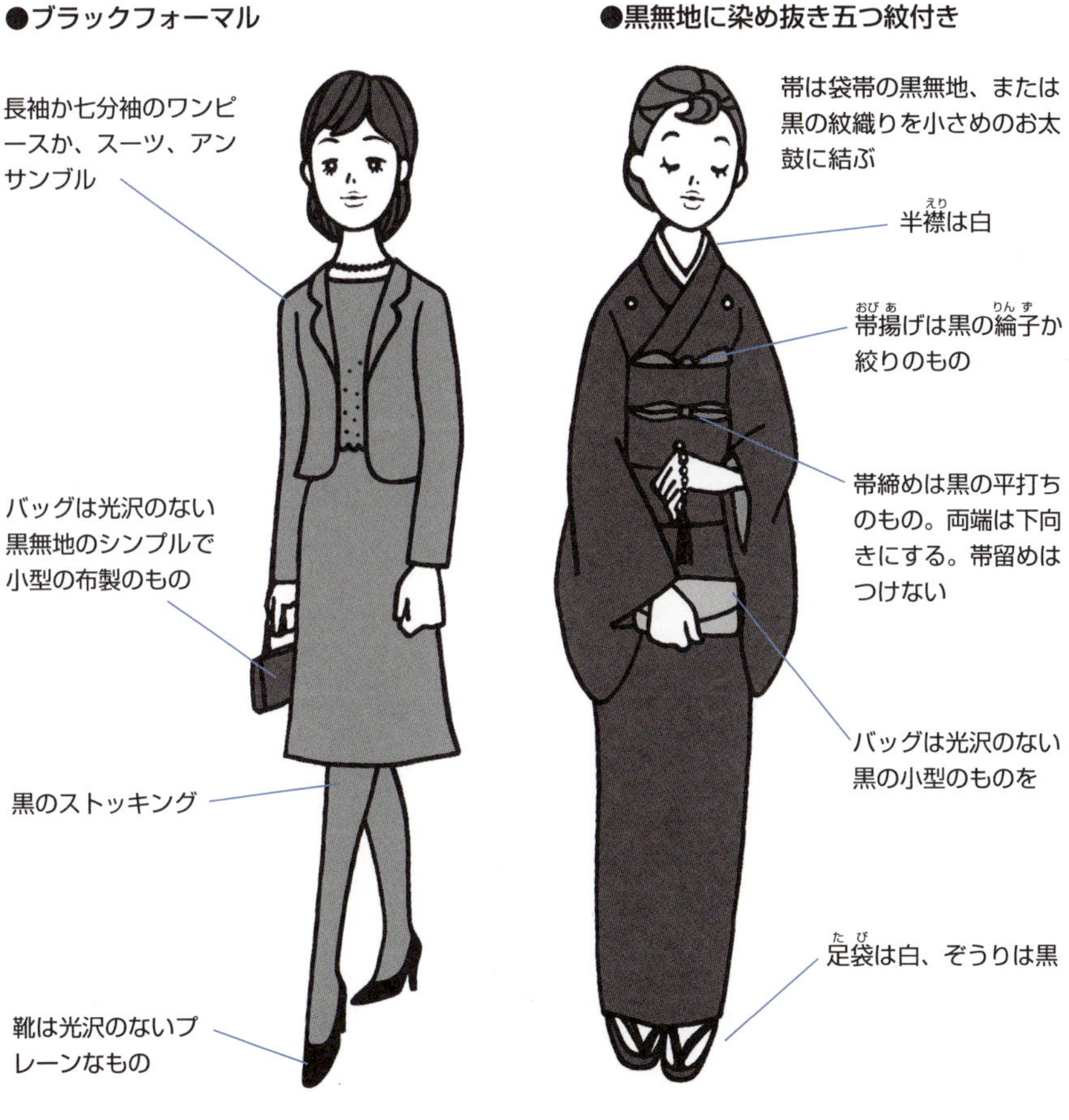
●ブラックフォーマル
長袖か七分袖のワンピースか、スーツ、アンサンブル
バッグは光沢のない黒無地のシンプルで小型の布製のもの
黒のストッキング
靴は光沢のないプレーンなもの
●黒無地に染め抜き五つ紋付き
帯は袋帯の黒無地、または黒の紋織りを小さめのお太鼓に結ぶ
半襟《えり》は白
帯揚《おびあ》げは黒の綸子《りんず》か絞りのもの
帯締めは黒の平打ちのもの。両端は下向きにする。帯留めはつけない
バッグは光沢のない黒の小型のものを
足袋《たび》は白、ぞうりは黒

家族葬での通夜はこのように行う

弔問客の顔ぶれによっては受付で記帳してもらう

参列者が遺族と顔見知りの人だけなら受付を設けなくてもかまいませんが、故人の友人・知人や久しく会っていない親族が弔問に訪れる場合は、受付係が必要です。

故人とは親しくつきあっていても、家族とは面識がない場合もあります。親族でもしばらく会っていないと、だれかわからないことがありますから、芳名録を用意して、住所と氏名を記帳してもらいます。香典や供花・供物をいただいたら香典帳に氏名と金額を記しておきます。受付は親族か家族が担当しますが、人手がない場合は葬祭業者に相談しましょう。

僧侶の出迎えと通夜前の打ち合わせ

喪主と遺族は、通夜の開始時刻の30分前までには身支度を整えておきます。

僧侶には、通夜の始まる30分前には到着してもらうようにします。遺族または親族が出迎え、法具や祭壇まわりを確認してもらってから控え室に案内し、茶菓《さか》でもてなします。僧侶のもてなしは親族や葬祭業者に手伝ってもらうこともできますが、菩提寺の僧侶に来てもらった場合は遺族がもてなすのがマナーです。

喪主は控え室まで挨拶に出向き、通夜説教や法話をしてもらえるか、通夜ぶるまいを受けてもらえるかなどの

POINT

僧侶を招かない場合は通夜の進め方は自由

- 僧侶を呼ばない場合は、最初から食事の用意をしておき、喪主または司会者（葬祭業者）が開式の挨拶をして献杯をし、そのまま会食に移る方法もあります。
- 会食をしながら故人の思い出を語ったり、生前のビデオを見ながら、あるいは好きだった音楽を聴きながら、温かい雰囲気のなかで故人の思い出を共有するほうが、その人にふさわしい供養になると思います。

確認をします。このときは葬祭業者にも同席してもらい、一緒に打ち合わせをするとよいでしょう。

　その場でお布施などを渡すこともありますが、僧侶はお布施を身に着けて式に臨むことになりますから、通夜後に渡すほうがよいでしょう。

　喪主と遺族は、僧侶との挨拶や打ち合わせを終えたら着席し、僧侶の入場を待ちます。弔問客に対しては自席で挨拶をします。

　「お忙しいなかをわざわざお運びいただき、ありがとうございます」などと簡潔にお礼を述べます。

僧侶へのお礼と葬儀の打ち合わせ

　通夜がすんだら、喪主は僧侶の控え室まで挨拶に伺い、お布施やお車代を渡し、茶菓でもてなします。このとき、翌日の葬儀についての打ち合わせもします。

　通夜ぶるまいの用意ができたら、僧侶を案内して上座に着いてもらいます。僧侶が通夜ぶるまいを辞退する場合は、食事の代わりの「御《お》膳《ぜん》料《りょう》」を渡します。

通夜ぶるまいでは喪主は弔問客に挨拶を

　通夜ぶるまいの席では、喪主や遺族は弔問客の間をまわり、故人が生前受けた厚誼や弔問に対するお礼を述べましょう。

　予定の時刻がきたら、喪主または司会者がお開きの挨拶をします（73ページ参照）。

　その後、近親者は夜通し線香をたいて遺体を守るのが習わしですが、夜は火を使えない斎場や、宿泊できない斎場もあります。疲れもたまっているはずですから、あまり無理をしないようにしましょう。

焼香（線香）の作法

① 遺影を見ながら合掌する

② 右手で線香を取って火をつける。線香を左手に持ち替えて右手であおいで火を消し、再び右手に持ち替えて香炉に立てる

③ 合掌し、遺影に一礼して下がり、僧侶に礼をして席に戻る

17 家族葬当日の準備をする

葬儀・告別式の準備をする

通夜が終わったら、葬儀の一連の流れについて、喪主は葬祭業者と細かな打ち合わせをします。とくに次の点についての確認や準備が必要です。

●**司会をだれにするか**……家族葬では、葬祭業者にお願いするのが一般的です。

●**告別式をどうするか**……会葬者が少ない家族葬の場合は葬儀と告別式を分けず、葬儀に会葬者も一緒に参加するのが通例です。

●**弔辞をだれに依頼するか**……通常の葬儀では、友人や仕事関係者など2～3名に弔辞をお願いしますが、家族以外の参列者が少ない場合は特定の人に依頼せず、全員にひと言ずつお別れのことばを述べてもらってもよいでしょう。ただし無理にお願いすることはありません。

●**出棺ではだれが運ぶか**……男性のなかから5～6名ほど選び、前もって依頼しておきます。人数が足りない場合は葬祭業者が補います。

●**棺に入れるものを用意**……故人の愛用品などで燃えるものなら、棺に入れて一緒に火葬することができます。入れたいものがあれば用意しておきます。

●**喪主挨拶の準備をする**……出棺時には喪主が挨拶をするのが慣例です。小規模な家族葬なら、改まった挨拶は不要ですが、故人の思い出話や、今後の厚誼をお願いすることばなどを簡潔に述べるようにしましょう。

●**火葬場へ同行する人の確認**……遺族や親族はそろって火葬場へ向かいますが、なかには事情があって同行できず、そのまま帰る人がいるかもしれません。車の手配や、精進落としの料理の個数などに関係してきますから、通夜の席などで同行を依頼し、可能かどうか確認しておきます。また、どのように車に分乗するかもあらかじめ決めておきましょう。

●**死体火葬許可証を用意**……火葬するには死体火葬許可証が必要です。忘れないように葬祭業者に渡しておきましょう。

●**分骨を希望するときは**……遺骨を2

か所以上のところに分けて納めたい場合は、前もって葬祭業者に伝え、骨壷と埋葬許可証を複数用意してもらいます。

火葬場での接待や精進落としの用意をする

火葬には1時間ほどかかるため、その間、遺族は火葬場の控え室で参列者を茶菓《さか》や軽食で接待します。どのような料理をどのくらい用意するか、葬祭業者と相談して手配してもらいます。

還骨《かんこつ》法要や初七日法要までの、一連の儀式が終了したら、精進落としの席を設け、僧侶や世話になった人たちを慰労するのが慣例です。僧侶を含めた人数に応じて、会場や料理などの手配をします。

僧侶が辞退した場合は「御膳料」を渡すこともあります。

係員への心づけを用意する

地域によっては当日、斎場の係員、霊柩車やマイクロバスなどの運転手、火葬場の係員や接待の人などに心づけを渡す慣習がありますが、公営の火葬場などでは原則的に禁止されています。葬祭業者に相談したうえで用意しましょう。

心づけを渡す場合は、お金は小型の不祝儀袋や白い封筒に入れるか、半紙などで包み、「志」「寸志」「御礼」などの表書きをします。

金額は地域によっても異なります。金額や渡すタイミングについても、葬祭業者と相談するとよいでしょう。

葬祭業者のなかには、そうした心づけもすべて費用に含まれていて、喪家に代わって渡してくれるところもあります。

喪主の出棺時の挨拶例

本日はご多用中のところ、父の葬儀にお運びいただき、ありがとうございました。

父は、葬儀についても自分の希望を書き残しておりましたので、このように内輪での葬儀とさせていただきました。

皆さまのおかげで、こんなにも心温まる雰囲気のなかで見送ることができました。父もきっと満足して眠りについたことでしょう。お世話になりました皆さまに、故人に成り代わりましてお礼申し上げます。

今後とも、父の生前同様におつきあいくださいますようお願いいたします。

本日は、最後までお見送りいただき、ありがとうございました。

18

仏式の家族葬はこのように行う

葬儀と告別式を一緒に行う

「葬儀」は故人をこの世からあの世に引き渡し、成仏を祈る儀式で、僧侶の引導《いんどう》と読経が中心になります。引導とは、死者を迷いから救い出して悟りを開かせるために、棺の前で仏法を説くことです。

一方、「告別式」は、故人と親交のあった人たちが最後の別れをする儀式で、会葬者の焼香が中心になります。

このように、本来、葬儀と告別式は異なるものですが、現在は同じ斎場で葬儀に引き続いて告別式を行うことが多くなっています。家族葬の場合は、葬儀と告別式を一緒に行うケースがほとんどです。

式はこのように進行する

葬儀の席次は、基本的には通夜のときと同じです。

喪主や遺族は、葬儀の開始時刻15分前までには身支度を整えて着席します。

式次第は宗派や地域、葬儀の規模などによって異なりますが、葬儀と告別式を一緒に行う場合は、一般的には次のように進行します。

①僧侶入場

②開式の辞　司会者が「ただいまより、〇〇〇〇さまの葬儀・告別式を執り行います」と述べます。

③引導・読経（浄土真宗では、人は亡くなるとすぐに阿弥陀如来《あみだにょらい》に救われると考えられており、引導を渡すことはない）。

④弔辞またはお別れのことば　弔電が届いている場合は、司会者が代読します。

⑤焼香　再び読経が始まり、僧侶の焼香に続いて、喪主から席順に焼香します。

＊通常の葬儀では、このあと告別式に移り、一般会葬者の焼香が続きますが、少人数の家族葬ではここで式が終了します。

⑥僧侶退場

⑦閉式の辞　司会者が「これをもちまして故〇〇〇〇さまの葬儀・告別式を終了いたします」と告げ、引き続き、故人との最後の対面に移ります。

家族葬では、遺族がお経をあげることもある

仏式の葬儀では読経を欠かすことはできませんが、必ずしも僧侶を招いて読経をしてもらわなければならないという決まりはありません。

日ごろから仏壇に向かってお経を唱えている人がいれば、その人に読経をしてもらってもよいでしょう。

実際に、母親の葬儀で、息子夫婦が「般若心経《はんにゃしんぎょう》」を唱えた例もありますし、故人の姉が読経したケースもあります。

ただし、自分たちでお経をあげる場合、親族が参列するときは、事前にその人たちの了解を得ることを忘れてはいけません。家族葬にはとくに決まりはないといっても、のちのちまでしこりを残さないようにすることが大切です。

焼香（抹香）の作法

① 遺影を見ながら頭を下げる

② 抹香をつまみ、おしいただいてから静かに香炉に落とす（1～3回。浄土真宗では、自分の身を清める意味で焼香するため、おしいただかない）

③ 合掌し、遺影に一礼して下がり、僧侶に礼をして席に戻る

POINT

司会者は業者に頼み、お別れのことばは全員で

- 少人数の家族葬でも、式にけじめをつける意味で司会者が必要です。親族代表が務めることもありますが、通常は葬祭業者が司会を担当します。
- 弔辞は、参列者に向かってスピーチするのではなく、故人に対して贈ることばです。参列者が少ない場合は、1人ずつ述べるとよいでしょう。その際は「おばあちゃん」あるいは「○○さん」と故人に呼びかけ、話しかけるようにすると、聞く人の心にも響きます。
- 喪主の挨拶は、その場で思いつくままに話すと長くなりがちですから、話したいことをメモ程度にまとめておくとよいでしょう。

最後の対面をして火葬場へ向かう

遺体を花で飾り最後の対面を

僧侶が退場すると、葬祭業者の手を借りて、遺族や友人たちで棺を祭壇からおろします。

棺のふたが開けられたら、遺族や親族、友人などは棺のまわりに集まり、「最後の対面」を行います。葬祭業者が祭壇に供えられていた花を摘んでお盆にのせてくれますから、1人ひとりその「別れ花」を取って遺体の周囲を飾ります。これを「お花入れの儀」といいます。

このとき、納棺の際に入れなかった故人の愛用品を入れたり、好きだった香水やオーデコロンなどをふりかけたりしてもよいでしょう。

棺が閉じられた段階で喪主が挨拶を述べる

最後の対面が終わると、棺のふたが閉められ、小石で棺のふたに釘を打つ「釘打ちの儀式」が行われるのが習わしです。

これは、故人が無事に三途《さんず》の川を渡って冥土《めいど》へ行くことができるようにと願って行われるものですが、最近は、釘打ちを必要としない棺もあり、省略されることが多くなっています。

通常の葬儀では、釘打ちの儀式がすむと棺を霊柩車に運び、それから一般会葬者に向かって喪主が挨拶をしますが、会葬者のいない家族葬では、棺のふたが閉められた段階で、喪主が簡単に挨拶を述べます（79ページ参照）。喪主に代わって司会者（葬祭業者）が出棺の挨拶をすることもあります。

棺を斎場から霊柩車へ運び入れる

斎場から霊柩車《れいきゅうしゃ》まで棺を運び出す際は、親族や友人などが棺を持ちます。通常は男性6人で運び出します。喪主は位牌を、喪主に準ずる遺族が遺影を持つのが慣例です。

棺は、遺体の足が前を向くようにして運ぶのがしきたりで、霊柩車に乗せる際も足のほうから入れます。

斎場から霊柩車へは、一般に喪主、遺族、棺の順で進みますが、棺、喪主、遺族の順になることもあります。

なお、自宅で葬儀を行った場合は、

故人の霊が家に戻るのを避けるという意味で、縁側など、玄関以外のところから棺を運び出しますが、マンションのように、出入り口が1か所しかない場合は玄関から運び出します。

火葬許可証と心づけは葬祭業者に預ける

家族葬では、葬儀に参列した人がそろって火葬場へ行くことが多いものです。僧侶は、時間的な都合で同行できない場合があります。同行できるかどうかは、事前の打ち合わせをする際に確認しておく必要があります。

火葬場へ向かうときは、死体火葬許可証を葬祭業者の人に預けておきます。

霊柩車などの運転手や火葬場の係員に渡す心づけは、喪主以外の人から渡すのが慣例で、現在は葬祭業者の人から渡してもらうのが一般的です。火葬場へ向かう前に葬祭業者に渡しておきましょう。

火葬場へ向かう車の席順に注意

故人の遺体を乗せた霊柩車には、喪主が位牌とともに同乗するケースと、葬祭業者だけが乗るケースがありますから、葬祭業者に確認するとよいでしょう。

霊柩車に続くタクシーには、上座から、僧侶、喪主、遺影をもった遺族の順に乗り、ほかの人はマイクロバスに乗ります。タクシーを使わずに自家用車で行く場合もありますが、僧侶が同乗するときは、やはり運転席のうしろの上座をすすめます。

マイクロバス1台に全員が同乗する場合は、一般的には運転席のうしろが上座になりますから、僧侶や喪主がその座席に乗ります。

火葬場へ向かう車の席順

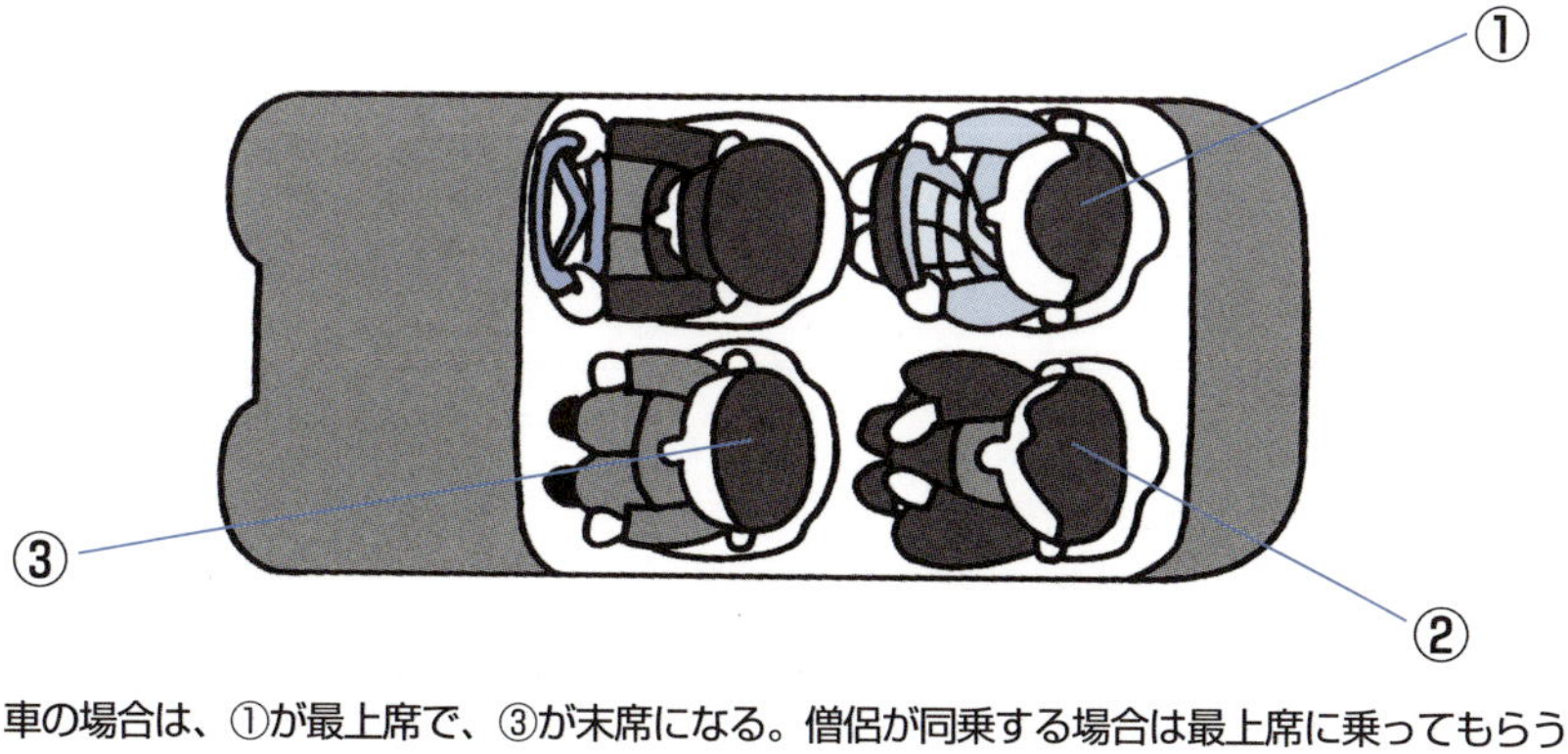

車の場合は、①が最上席で、③が末席になる。僧侶が同乗する場合は最上席に乗ってもらう

20

火葬場での儀式と収骨

炉へ入れるときに読経や焼香を行う

火葬場へ到着すると、火葬場の係員の手で棺は霊柩車からおろされ、炉の前に安置されます。火葬場によっては、ここで棺の小窓が開けられ、故人とのお別れをすることもありますが、そのまま炉に納められる場合もあります。

炉の前には小さな焼香台が設けられ、香炉や燭台《しょくだい》、生花などが用意されていますから、指示に従って位牌と遺影を飾ります。

焼香台が整ったら、いよいよ故人と最後のお別れをします。

僧侶が同行している場合は、僧侶の読経、焼香に続き、喪主、遺族、親族の順に焼香をします。家族葬では僧侶は同行せず、焼香だけですませることが多いようです。

全員の焼香がおわると、炉に火が入れられます。

火葬がすむまで控え室で待機する

火葬には1時間ほど要しますから、位牌や遺影を持って控え室に移動し、待機します。

控え室には前もって手配していた酒や茶《さ》菓《か》が用意されているので、遺族は僧侶や参列者を接待します。

このとき、喪主はお礼の気持ちを示すだけにとどめ、お酌をしたり茶菓をすすめたりすることは控えるのが習わしです。

収骨は、血縁の濃い順から2人1組で行う

お骨を拾い、骨壷に納める儀式を「収骨」「拾骨」「骨《こつ》揚《あ》げ」などといいます。火葬が終了したことを告げられたら、位牌と遺影を持って全員が炉の前に集まり、収骨を行います。

拾骨は、2人1組となって行うのがしきたりです。2人がそれぞれ竹の箸を持ち、1つのお骨を一緒にはさんで骨壷に納め、次の人に箸を渡します。これを「箸渡し」といいますが、故人をこの世からあの世へ〝橋渡し〟をするという意味があります。

骨を拾い上げる順番は、喪主、遺族、親族と血縁の濃い人からとされていますが、順番にこだわらず、近

くに立っている人から行ってもさしつかえありません。

参列者全員が収骨を終えると、火葬場の係員が残りのお骨を骨壺に納めてくれ、最後に喪主がのど仏を拾っていちばん上に納めます。

地域によって拾骨のしかたは異なります。東日本ではお骨の全部を骨壺に納め、西日本では一部だけを納めることが多いようです。そのため、骨壺の大きさも多少違います。

骨壺は白木の箱に入れられ、さらに金や銀、白などの錦袋に入れられて遺族の手に渡されます。

このとき、死体火葬許可証に火葬ずみの判を押した「埋葬許可証」も箱の中に一緒に入れられます。

あらかじめ分骨を伝えているときは、係員が、小さな骨壺に遺骨を納めてくれ、埋葬許可証も分骨の数だけ発行されます。

収骨が終わったら、喪主は遺骨を両手でしっかりと抱えて持ち、先頭に立って進みます。位牌と遺影を持った遺族がそのうしろに続き、斎場まで戻ります。

なお、火葬場の控え室に飲食物が残っていても、それらは持ち帰らないことになっています。

お骨を拾って骨壺に納めるときは、2人1組となって行う

COLUMN

通夜葬と火葬式

家族葬では、通夜だけを行ってその後火葬をしたり、通夜も葬儀も省略して火葬だけを行うケースもあります。名称は決まっているわけではありませんが、この本では前者を「通夜葬」、後者を「火葬式」と呼びます。

通夜葬では、故人を、自宅かひと晩遺体に付き添うことができる場所へ安置し、家族や親しい人が集まって過ごします。祭壇を設け、焼香をしたり、僧侶に読経してもらうこともできます。翌日火葬場へ向かい、お別れをします。

火葬式では、病院から遺体を火葬場の遺体保管施設に搬送し、翌日お別れをします（4章参照）。

21

骨迎えと還骨法要、精進落とし

遺骨を後飾りに安置し還骨法要で締めくくる

火葬場から帰ったときは、死の汚れを清めるために、水で手を洗い、塩を体にふりかける「お清め」をする習わしがありますが、最近はあまり行われなくなっています。

持ち帰った遺骨や位牌、遺影は、葬祭業者の手によって整えられた「後《あと》飾《かざ》り」の祭壇に飾り、灯明《とうみょう》に火をつけます。

後飾りの祭壇は、四十九日の忌明《きあ》けまで、遺骨や位牌、遺影を安置する祭壇で、「中陰壇《ちゅういんだん》」とも呼ばれています。忌明けまでは仏壇の扉は閉めたままにしておきます。

後飾り祭壇の費用は、葬儀の費用に含まれている場合と含まれていない場合があります。

後飾りの祭壇の用意が整ったら、「還骨《かんこつ》法要」を行います。還骨法要は葬儀を締めくくる儀式で、僧侶の読経・焼香に続き、全員で焼香をして終了します。

初七日法要も続けて行うことが多い

還骨法要で葬儀は終了となりますが、最近は還骨法要に続けて「初七日法要」を行うことが多くなっています。

初七日法要は、本来は亡くなった日から数えて7日目に行う法要で、葬儀から3～4日後に行うことになります。日数的にあまり間隔がないため、参列者の便宜を考え、葬儀当

POINT

火葬場に僧侶が同行しなかった場合は

- 僧侶の時間的な都合で火葬場まで同行してもらえないことがあります。その場合は、還骨法要の読経は省略し、初七日法要も葬儀の式中に合わせて行うことがあります。
- 僧侶が精進落としを辞退することが事前にわかっている場合は、精進落としの用意はせず、近くのレストランなどで会食する方法もあります。喪主の挨拶も、「本日はお忙しいところお見送りいただき、ありがとうございました」程度の、簡単なお礼のことばでかまいません。

日に繰り上げて行うようになったようです。

初七日法要でも、僧侶の読経・焼香に続いて全員で焼香をします。

精進落としで僧侶や参列者をねぎらう

すべての儀式が終了したら、「精進落とし」の席を設け、僧侶や世話になった人たちをねぎらいます。家族葬の場合は、通夜から葬儀まで遺族とともに故人をしのんで供養していただいたことへのお礼と考えればいいでしょう。

精進落としでは、僧侶や参列者に上座に着いてもらい、喪主や遺族は末席に座ります。菩提寺の僧侶を招いている場合は、親族代表か喪主が上座近くに座り、僧侶を接待します。

遺骨や位牌、遺影もその部屋に安置します。

喪主は、会食に入る前に、葬儀が無事すんだことへのお礼を述べます。続いて喪主以外の人の発声で「献杯《けんぱい》」をします。

会食中も喪主や遺族は参列者の席をまわり、お礼を述べます。

精進落としは、1～2時間をめどに切り上げるようにします。最後に喪主か遺族代表がお開きの挨拶をします。

僧侶が精進落としを辞退した場合は、「御膳料」を渡します。

精進落としでの喪主挨拶例

皆さま、通夜から葬儀までいろいろとお心づかいをいただき、本当にありがとうございました。お陰さまで滞りなく葬儀・告別式をすませることができました。親しい方に最後のお見送りをしていただき、亡き父も喜んでいることと思います。

ささやかではございますが、精進落としの膳を用意いたしましたので、お時間の許すかぎりおくつろぎください。本日はありがとうございました。

精進落とし後の挨拶例

本日は最後までおつきあいくださいましてありがとうございました。お話しが尽きずお名残《なごり》惜しく存じますが、明日のご予定もおありでしょうし、このあたりでお開きにさせていただきます。

行き届かない点もあったかと存じますが、ご容赦ください。

今後も何かとお世話になりますが、よろしくお願いいたします。

本日はまことにありがとうございました。

葬儀後の事務処理と死亡通知

事務引継ぎをすませ葬儀費用を支払う

葬儀がすべて終わったら、喪主は事務を引き継ぎます。世話役や受付のいる通常の葬儀と違い、参列者も少ない家族葬の場合はそれほど面倒なことはありませんが、次の点について早めに処理しましょう。

- **会葬者名簿の整理**
- **香典や供花、供物の整理**……いただいた香典は名前と金額を照合して記録し、供花や供物をいただいた場合も名前を記録します。
- **経費の精算**……領収書や請求書を整理し、立て替えてもらっている分はその場で精算しましょう。
- **葬祭業者への支払い**……明細書と見積書を照らし合わせ、新たに加わっている費用は何かなどを確認し、納得したら、葬儀後1週間前後には支払います。

葬儀費用は相続税の控除対象になるので、領収書や記録は大切に保存しておきます。宗教者へ支払った謝礼も控除の対象ですから、できるだけ領収書をもらいましょう。

そのほか、さまざまな手続きが必要です。早めにすませておきましょう（第6章参照）。

知らせなかった人にはオリジナルな死亡通知を

家族葬はごく一部の人にしか故人の死を知らせずに行うため、そのほかの友人や知人などには、葬儀後、死亡通知を出すことがあります。葬儀後1～2週間くらいのうちに出すようにしましょう。

通常の葬儀では、黒枠のついたはがきに葬祭業者が用意した文面を印刷して出しますが、家族葬のあとに出す死亡通知は、いわば故人から相手への最後のメッセージで、葬儀・告別式に代わるものです。

ですから、型どおりの文面ではなく、故人の思い出をつづったり、闘病中や臨終の様子を簡単に紹介するなどして、その人らしさを感じさせる通知状にしたいものです。故人が何か書き残していた場合は、それを引用するのもよいでしょう。

はがきでもかまいませんが、カードに印刷して封筒に入れて出すほう

死亡通知例

母○○○○は、平成○○年○月○日午後○時○○分、永眠いたしました。享年八十歳でした。

昨年の九月に肺がんの手術を受け、療養生活に入りましたが、病院の窓から見える富士山を眺めつつ、また時折は自宅に戻り、最後は家族に囲まれ、穏やかな時間を過ごすことができました。

母は静かな人でしたが、父の亡きあとは一家を支えてきた芯の強い人でした。

形式的なことを嫌う母でしたので、葬儀は家族のみで行いました。ご連絡を差し上げなかったご無礼をお詫び申し上げます。

生前、家族ともどもことばでは言い尽くせぬほどのご厚情を賜りましたことを、改めてお礼申し上げます。

がていねいです。

主な内容は次のとおりです。

①死亡の通知……故人の名前と死亡日時、死亡原因、死亡年齢。

②葬儀の報告とお詫び……家族だけで葬儀を行ったことと、その理由(故人の遺志でなど)を述べ、連絡しなかったことを詫びる。

③故人の思い出など……闘病中や臨終時の様子などを、暗くならない程度に書いてもよい。

④生前の厚誼へのお礼

そのほか、香典を辞退するときはその旨を記し、お別れ会を開く予定があるときはそのお知らせを兼ねてもよいでしょう。

なお、死亡通知を出したあと、弔《ちょう》問《もん》を受けたり、お悔やみ状をいただいたりすることもあります。そのようなときは、できるだけ早く礼状を出すのがマナーです。

POINT

葬儀後に通知を出すときは香典を辞退するのが一般的

- 香典はもともと線香の代わりに供えるもので、弔問するときに持参するのが慣例です。家族葬をすませたあとに死亡通知を出す場合は、相手は香典を送るべきかどうか迷ってしまいますから、「故人の遺志により香典は辞退します」のように断り書きをするのが礼儀といえます。
- 香典を辞退しても送られてきた場合は、固辞しないで受け取るのが自然です。そして、返礼品(引き物)や香典返しを送るようにします。

忌明けの法要と納骨式

忌明けに納骨することが多い

いつまでに納骨しなければならないという決まりはありませんが、仏式の場合は、僧侶と近親者、ごく親しい友人・知人を招いて忌明《きあ》けの法要を行ったあと、墓地に移動して納骨式を行うケースが多いようです。

忌明けの法要は、一般的に死後三十五日目（五七日《いつなのか》忌法要）か四十九日目（七七日《しちしちにち》忌法要）に行います。

葬儀に遠方から親戚が訪れた場合は、葬儀当日に納骨までですませることもあります。

お墓を新たに建てる場合は、四十九日に間に合わず、納骨する日が一周忌や三回忌になることもあります。

その場合は、忌明けの法要の日に、寺院や霊園に遺骨を預かってもらう「仮納骨」をします。

納骨までに位牌や墓石の準備を

葬儀後、後飾りの祭壇に安置していた白木の仮位牌は、納骨の際に菩《ぼ》提寺《だいじ》に納め、それ以降は本位牌を仏壇に安置します。納骨の日までに本位牌を仏具店などで購入し、故人の戒名《かいみょう》や没年月日、俗名などを入れておいてもらいます。

仏壇がない場合は、できれば納骨までに購入しておきたいものです。

墓石は、石材店に依頼して、故人の戒名や俗名、没年月日を刻んでおいてもらいます。

納骨当日は、石材店の人にお墓のカロート（納骨スペース）を開けてもらうことになるので、その依頼もしておきます。

そのほか、浄土真宗以外の宗派では、施主や参列者が、卒塔婆《そとば》をお墓に立てる卒塔婆供養を行います。

卒塔婆は戒名や梵字《ぼんじ》、経文などが書かれた細長い板のことで、故人の供養のために立てます。本来は五輪塔（空・風・火・水・地を象徴している塔）を建てて供養しましたが、現在は板《いた》卒塔婆になりました。

卒塔婆は僧侶に書いてもらう必要がありますから、前もって依頼しておきます。

当日までに忌明けの法要の準備もしておきます（94ページ参照）。

忌明けの法要と納骨式

納骨式当日は、遺骨、仮位牌、本位牌、遺影、埋葬許可証、認印《みとめいん》を忘れずに持参します。そのほか、花、供物、線香、ろうそく、マッチなども必要です。

また、僧侶への謝礼として「御布施」、「御車代」、「御塔婆料」、石材店の人や霊園の管理人へ渡す心づけなども忘れないようにします。これらは事前に渡すようにします。

服装は、施主（法要の主催者。葬儀で喪主を務めた人がなるのが一般的）も遺族も喪服を着用します。

当日は、次のような流れで進行します。

①**開眼供養《かいげんくよう》**……菩提寺の本堂で、新しい本位牌に開眼供養（仏さまの魂を迎え入れる儀式）を行います。新たに仏壇を購入した場合は、自宅で法要を行い、法要に先立ってご本尊の開眼供養を行います。

②**忌明けの法要**（式次第については94ページ参照）。

③**納骨式**……墓地に移動し、納骨式を行います。石材店の人にお墓のカロートを開けてもらい、施主が遺骨を納めたら、ふたを閉じます。次に墓石のうしろに卒塔婆を立てます。続いて墓前に花や供物をささげ、僧侶に読経をしてもらい、参列者全員で焼香をします。なお、お墓を新たに建てた場合は、完成時に開眼供養をしてもらいますが、納骨式と一緒に行うこともあります。

④**会食**……終了後は、自宅や料亭、ホテルなどで「お斎《とき》」という会食の席を設け、僧侶と参列者をねぎらい、引き物を渡します。

COLUMN

いろいろなお墓のかたち

日本では、先祖代々受け継がれる、いわゆる「○○家の墓」が一般的ですが、お墓を継ぐ子孫がいなかったり、お墓や家に対する考え方の変化などにより、お墓も多様化してきています。

「永代供養墓」や「永代納骨堂」は、子孫に代わり、寺院や墓地管理者が供養・管理してくれる墓です。

最近、都市部で増えつつあるのは、血縁に関係なく、会員になっている人たちが1つの納骨堂に入る「合葬墓《がっそうぼ》」です。

そのほか、家の墓には入らず、自分たちだけが入る「個人墓」や「夫婦墓」などもあります。

忌明けの挨拶状と香典返し

法要や忌明けにはこんな意味がある

仏教では、死者は7日ごとに生前の善悪について審判を受け、49日目に最後の審判が下されると考えられています。審判を受ける日に、この世の者が供養することで故人の善業が積まれ、極楽浄土に旅立つことができるといわれています。

このように、故人が浄土に行けるように遺族が善業を積み重ねることを追善《ついぜん》といい、死後7日ごとに追善供養を行うようになりました。

なかでも、故人が三途の川のほとりに着く7日目（初七日）、閻魔大王《えんまだいおう》の裁きを受ける35日目（五七日）、浄土へ向かう49日目（七七日）は重要で、35日目か49日目には、忌明けの法要を行い、僧侶や親族、故人の友人・知人などを招いて手厚く供養するのが習わしです。

そのほかの法要も、本来は僧侶を招いて読経《どきょう》をしてもらいますが、現在は遺族だけで供養することが多くなっています。

なお、忌明《きあ》けまでは故人の霊が家から離れないとされているため、神棚封じは忌が明けてから解きます。

忌明けには挨拶状と香典返しを送る

忌明けには、葬儀に参列してくれた人に、忌明けの挨拶状と香典返しを送ります。家族葬の場合は、葬儀のあとに故人の死を知り、弔問に訪れて香典を供えていく人もいますから、そのような人にも忘れずに送ります。

香典は、本来はお返しの必要はありませんが、いただいた香典の3割から半額程度のものを送るのが一般的です。弔事には残らないものがよいとされ、お茶や砂糖などの消耗品が選ばれていましたが、最近はあまりこだわらなくなっています。

香典返しの代わりに施設や団体などに寄付をすることもありますが、そのときは忌明けの挨拶状にその旨を記します。

葬儀・告別式の際に渡す「即返し」をした場合は、忌明けの挨拶状だけ送ります。

香典返しの品物には、黒白や銀、

あるいは黄白の結びきりの水引が印刷された掛け紙をかけます。

表書きは「志《こころざし》」「満中陰《まんちゅういん》志《こころざし》」「忌明《きあけ》志《こころざし》」などとします。浄土真宗の場合は、死後すぐに成仏すると考えられているため、「満中陰志」「忌明志」は使いません。

家族葬の場合はオリジナルな挨拶状を

忌明けの挨拶状には、①葬儀参列へのお礼、②香典や供物のお礼、③忌明けまたは納骨の報告、④香典返しを発送した旨などを記します。

奉書紙1枚に薄墨《うすずみ》で印刷したものを一重の封筒に入れて送るのが慣例で、香典返しの品物を購入したデパートなどで用意してもらえます。

しかし家族葬の場合は数も少ないので、オリジナルな文章で手書きにするほうがよいでしょう。

忌明けの挨拶状文例

謹啓　秋冷の候、皆さまにはご清栄のことと拝察申し上げます。

さて、夫○○○○の永眠に際しましてはご丁重なご弔詞ならびにご芳志を賜りまして、まことにありがとうございました。

皆さまからさまざまな思い出話を聞かせていただき、改めて故人の生きた証を感じることができました。

お陰さまで、このほど、

○○院○○○居士

七七忌法要をすませることができました。

つきましては、供養のしるしとして心ばかりの品をお送りいたしましたので、お納めいただければ幸いに存じます。

まずは書面にてお礼申し上げます。

謹　白

POINT

忌明けには仏壇や神棚を開ける

- 仏教では、故人の魂は四十九日までは家の軒下にとどまり、その後成仏するとされています。そのため、忌が明けるまでは仏壇を閉じておき、忌明けの法要とともに仏壇の扉を開け、新たに故人となった人の本位牌を安置して魂を迎えます。
- 仏壇とともに神棚を祀《まつ》っている家庭が一般的ですが、死を汚《けが》れたものと考えている神道でも、五十日祭までは神棚の前に白い紙を張って神棚を封じ、死の汚れが神棚の中に及ばないようにします。そのため、忌明けには仏壇を開けるとともに、神棚の前の白い紙をはがして神棚封じを解きます。

法要の営み方

通常は三十三回忌で弔い上げとする

葬儀のあとは、49日まで7日ごとに法要を営みます。とくに死後7日目の初七日法要、35日目の五七日忌法要、49日目の七七日忌法要が重視されています(92ページ参照)。

翌年の祥月命日《しょうつきめいにち》(亡くなった日と同じ月日)の一周忌、2年目の三回忌も僧侶を招いて手厚く営まれます。

法要は99年目の百回忌までありますが、通常は三十三回忌で「弔《とむら》いあげ」とします。

葬儀を家族だけで行った場合は、法要には親族を招いて一緒に供養をするといいでしょう。親族のなかには、故人と最後のお別れができなかったことを寂しく思っている人がいるかもしれません。そのようなときこそ、法要は親族との絆を強めるよい機会になるでしょう。

法要の連絡をする際は、「葬儀は本人の希望で家族だけですませましたが、法要には一緒に供養をしていただけるとありがたいのですが」のように伝えるとよいでしょう。

法要の準備と当日の進行

法要を行う際は、次のような準備が必要です。

①**日時の決定と連絡**……菩提寺に出向いて僧侶と相談し、法要の日取りと会場を決めます。その後参列者に連絡し、出欠を確認します。

年忌法要の種類

一周忌	死後1年目の祥月命日	僧侶、近親者などを招いて行う
三回忌	死後2年目の祥月命日	
七回忌	死後6年目の祥月命日	
十三回忌	死後12年目の祥月命日	
十七回忌	死後16年目の祥月命日	
二十三回忌	死後22年目の祥月命日	
三十三回忌	死後32年目の祥月命日	

通常は参列者が集まりやすい休日に行いますが、その場合は命日より早めて行うのが慣例です。

② 卒塔婆の依頼……卒塔婆供養《そとばくよう》を行うときは、前もって菩提寺に依頼します。

③ 僧侶へのお礼の用意……「御布施」のほか、送迎をしない場合は「御車代」を渡します。また、卒塔婆供養を行うときは「御塔婆料《おとばりょう》」が、僧侶が会食を辞退した場合は「御膳料」が必要です。

④ 会食・引き物の用意……法要のあと、僧侶と参列者をねぎらう会食の手配や引き物の用意をします。引き物の表書きは「志《こころざし》」「祖供養《そくよう》」とし、右肩にだれの何回忌かを記します。

当日は、僧侶が到着したら施主が出迎え、控え室に案内して改めて挨拶をし、茶菓《さか》でもてなします。お礼もこのときに渡すとよいでしょう。

法要の開始時刻が近づいたら参列者は仏壇に向かって着席し、施主は灯明をつけて線香をあげ、僧侶の入場を待ちます。

法要は次のように進行するのが一般的です。

① 僧侶の読経と焼香
② 施主・遺族・参列者の焼香
③ 僧侶の法話
④ 僧侶退場

僧侶が退場したら、施主が参列者に対して、お礼を述べます。「本日はお忙しいなかをありがとうございました。ささやかな会食の席を用意しましたので、ごゆっくり召し上がってください」のように、手短に述べます。

墓地が近くにある場合は、お斎（会食の席）に移る前にお墓参りをしますが、お斎のあとでもさしつかえありません。

POINT

家族葬を行った場合も法要は省略しない

- 都市部では菩提寺がなく、公営や民営の墓地に埋葬する家が増えています。その場合は家族葬でご縁ができたお寺に法要を依頼することが多いようです。墓地が遠くて僧侶に負担をかけるようであれば、墓地の管理事務所や石材店に相談して、近くのお寺を紹介してもらう方法もあります。
- 僧侶に読経をしてもらわずに、お墓参りをするだけでも気持ちは通じます。葬儀には親族を呼ばずに家族だけですませた場合などは、とくに法要には親族を招いて一緒にお参りをしたいものです。

神式での家族葬の進め方

神式で行う葬儀の特徴

神道では、亡くなった人の霊魂は肉体を離れて自然に還り、祖先の霊と融合して子孫を見守ると考えられています。

葬儀は死者を神として祀《まつ》るための儀式で、通夜のあとに行う「遷霊祭《せんれいさい》」はとくに重要です。この儀式がすむと、故人は神として祀られます。

ただし、神道では死を不浄なものとしているため、神社で葬儀を行うことはありません。自宅や斎場に神官を招いて執り行います。

また、神道の儀式の特徴として、「手水《ちょうず》の儀」、「二礼二拍手一礼《にれいにはくしゅいちれい》」、「玉《たま》串奉奠《ぐしほうてん》」の3つがあります。

手水の儀は自分の身を清めるためのもので、手と口をすすぎます。通夜や葬儀などの儀式に参列する人は斎場に入る前に行うのがしきたりですが、現在は省略されることも多くなっています。

二礼二拍手一礼は、2回拝礼をして、2回手を打ち、1回拝礼をすることですが、弔事の場合、拍手は音を立てないよう、両手を打つ寸前で止める「しのび手」で行います。

玉串奉奠は、仏式の焼香にあたるもので、榊《さかき》の枝に四手《しで》（紙の垂れ）をつけた玉串を用います。玉串には神霊が宿っているといわれ、故人の霊を慰め、安らかであることを願って霊前にささげます。玉串を案（台）にのせたら、二礼二拍手一礼をして下がります。

そのほか、神式葬儀には楽員による誄歌《しのびうた》奏上など、特有の儀式が数々あります。

身内だけで行う葬儀は、あまり形式にしばられたくないものですが、神式の場合は、一般に決まりごとが多いので、神官や葬祭業者とよく打ち合わせをすることが必要です。葬祭業者は、神式葬儀に慣れているところを選ぶようにしましょう。

遺体を安置し枕飾りを整える

臨終後は、神式の場合も仏式同様に末期の水を取ってからエンゼルケア（死後の処置）を行います（50ページ参照）。

玉串奉奠の作法

❶ 一礼してから、右手で玉串の枝元を取り、左手を葉先に添える

❷ そのまま玉串案（玉串を乗せる台）の前に進み、玉串を胸の高さにかかげ、一礼する

❸ 枝元が自分のほうを向くように玉串の向きを変える

❹ 左右の手を持ち替え、葉先が自分のほうを向くように時計まわりに半回転させる

❻ 玉串案に供え、少し下がり、2回拝礼する

❻ 拝礼をしてから、しのび手で二拍手し、深く一礼する

遺体は自宅または斎場に運び、遺体を清めてから、死装束に着替えさせ、死化粧をほどこします。

死装束は、経帷子《きょうかたびら》ではなく、白い小袖《こそで》を着せて足に白足袋《たび》をはかせるのがしきたりでしたが、現在は故人が好きだった服を着せることが多くなっています。納棺時、白い小袖を遺体の上にかけることもあります。

遺体は、北枕に安置するのが一般的です。枕飾りを整え、逆さ屏風《びょうぶ》を立て（省略されることが多い）、守り刀を枕元か枕飾りの上に、刃先を遺体に向けないように置きます。枕飾りの道具や守り刀は、葬祭業者に用意してもらえます。

帰幽奉告の儀と枕直しの儀を行う

枕飾りを終えたら、神棚と祖霊舎《それいしゃ》（祖先の霊を祀るもの）に「○○が帰幽《きゆう》いたしました」と奉告《ほうこく》します。帰幽とは死亡したことで、これを「帰幽奉告の儀」といいます。本来は産土《うぶすな》神社（その土地の守り神）にも奉告しますが、省略されることが多くなっています。

帰幽奉告の儀をすませたら、神棚の扉を閉めて前面に白い半紙を貼る「神棚封じ」を行います。葬儀が終わるまではそのままにし、灯明やお神《み》酒《き》も供えません。

その後、「枕直しの儀」を行います。枕飾りのろうそくを灯し、喪主から順に二礼二拍手一礼を行います。本来は神職を招いて行いますが、現在は遺族だけで行うことが多くなっています。

通夜祭の前に納棺し毎日、柩前日供の儀を

神式では、仏式の通夜にあたる通夜祭の前に納棺の儀を行います。納棺の儀も、現在は葬祭業者の手を借りて遺族だけで行うのがふつうです。

一般的に納棺の儀は次のように進行します。

①**喪主拝礼**……喪主が遺体に拝礼。

②**納棺**……遺体を棺に納め、祭壇の中央に安置する。

③**手水の儀**……一同手水の儀を行って身を清める。

④**一同着席**……全員が棺の前に着席

⑤**拝礼**……喪主、遺族、親族の順で棺に拝礼。

⑥**献饌《けんせん》**……近親者が、生饌（洗米、お神酒、水、塩、くだものなど）と常饌（日常の食事）を献上する。神道では生ぐさ物は禁じられていないので、海の幸などを供えてもよいことになっている。

⑦**一同拝礼**……喪主が拝礼し、一同が続く。

⑧**撤饌《てっせん》**……供えた神饌を下げる。

⑨**一同退出**

POINT

自宅で神式葬儀を行う場合は

●自宅で神職を招かずに行う場合は、小机に白い布をかけ、洗米や塩、お神酒を供え、榊や生花を飾って、感謝の意を表するだけでもよいでしょう。

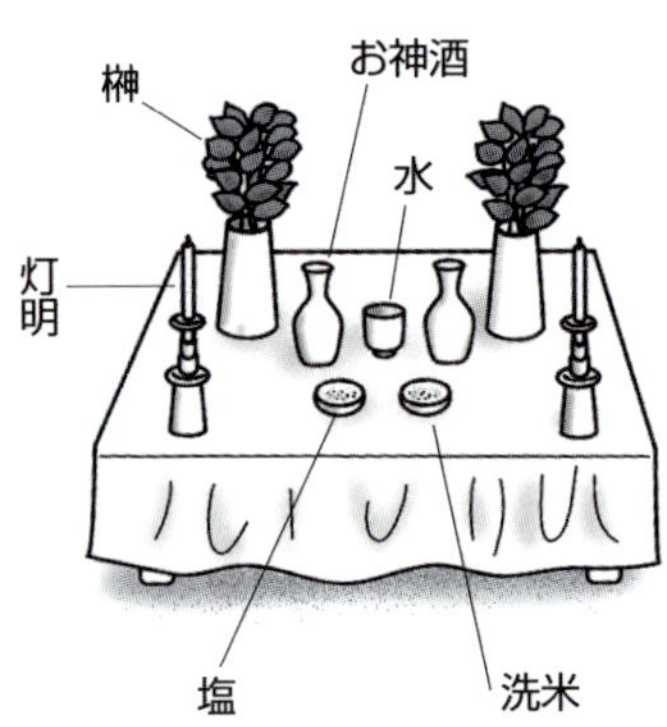

神式葬儀の祭壇

写真提供　有限会社サービスセンター白備

出棺までは、毎朝夕、または毎朝、常饌を故人が使っていた食器や箸とともに棺の前に供え、喪主・遺族は二礼二拍手一礼を行います。これを「柩《きゅう》前日供《ぜんにっく》の儀」といいます。

通夜祭と遷霊祭の進め方

一般の「通夜祭」では、斎主（儀式を司る神官）、斎員（随員）、楽員を招いて行います。また、通夜祭に続いて、「遷霊祭《せんれいさい》」を行います。遷霊祭は「御霊《みたま》移し」「移霊祭」とも呼ばれているもので、死者の霊を霊璽《れいじ》（仏式の位牌にあたるもの）に移す儀式です。霊璽は忌明けまでは仮霊舎（仏式の後飾りの祭壇にあたる仮の祭壇）に安置し、忌明け後は祖霊舎《それいしゃ》に祀ります。

遷霊祭を終えると、故人は一家の守護神となり、男性は「〇〇〇〇命《みこと》」、女性は「〇〇〇〇刀自命《とじめ》」と呼ばれるようになります。霊璽は神官か葬祭業者に依頼して用意してもらいます。

通夜祭は次のように進行します。

①手水の儀
②一同着席
③拝礼
④献饌
⑤祭詞奏上
⑥誄歌《しのびうた》奏上……楽員が故人を哀悼する歌を奏上する。
⑦玉串奉奠
⑧撤饌
⑨拝礼

続いて遷霊祭を行います。遷霊祭は、参列者が着席すると式場の照明が消され、暗闇の中で進行します。

①一同着席・消灯
②遷霊の詞奏上……斎主が霊璽を棺に向けて、霊魂が遺体から霊璽に移るように遷霊の詞を唱える。
③霊璽安置

④点灯・拝礼
⑤献饌
⑥遷霊の詞奏上
⑦玉串奉奠

　このあと、通夜ぶるまいをして終わります。喪家で火を使うと火が汚れるとされているため、料理は仕出屋など外で調理したものを用います。

　なお、神官に対するお礼は、白い封筒に「御神饌《しんせん》料」「御祈祷《きとう》料」「御祭祀《さいし》料」と表書きして渡します。「御車代」や「御膳料」も渡します。通夜祭のあとに渡すとよいでしょう。

神官へのお礼の目安

御祭祀（2日間） （斎主・斎員　各1名）	30～50万円
御車代 （近距離の場合）	1万円／1日

※御祭祀料は斎員の人数によっても異なります。
※雅楽を依頼する場合は別途料金が必要になります。

葬場祭から出棺まで

　神式では、葬儀を「葬場祭」と呼び、続いて「告別式」「出棺祭」が行われます。最近は葬場祭のなかで出棺の祭詞を奏上し、出棺祭を省略することが多くなっています。

　葬場祭から出棺までは次のように進行します。

①手水《ちょうず》の儀
②参列者着席・神官入場
③葬場祭開式の辞
④修祓《しゅうばつ》の儀……神官が斎場や参列者、供物などを祓い清める。
⑤献饌《けんせん》・奉幣《ほうへい》の儀……奏楽のなか、神饌と幣帛《へいはく》（供物）を供える。
⑥祝詞《のりと》奏上・出棺の祭詞奏上……斎主が故人の業績をたたえ、故人の安らかな死を祈り、一家の守護を願うことばを述べる。
⑦誄歌《しのびうた》奏上
⑧拝礼
⑨弔辞拝受・弔電紹介
⑩玉串奉奠《たまぐしほうてん》
⑪撤饌《てっせん》・撤幣《てっぺい》の儀
⑫神官退出
⑬喪主挨拶
⑭閉式の辞・告別式開式の辞
⑮参列者の玉串奉奠
⑯喪主挨拶
⑰告別式閉会の辞

　その後、仏式同様、最後の対面をし、別れ花を入れ、棺に釘を打ち、棺を霊柩車まで運び、火葬場へ向かいます。

　自宅で葬場祭を行った場合は、残った人は祭壇を片づけて家の内外を掃き清めたあと、残った神官にお祓いをしてもらい、家の内外も祓い清めてもらいます。これを「後祓《あとばら》いの儀」といいます。それがすんだところで、遺骨を迎える準備にかかります。

火葬祭と帰家祭の進め方

火葬にする際は、炉の前に神饌銘《しんせんめい》旗《き》、葬祭具などを飾り、「火葬祭」を行います。

火葬祭では、斎主による祭詞奏上、玉串奉奠などが行われ、その後火葬にされます。骨揚げなどは仏式と同様に行います（84ページ参照）。

火葬場から戻ると、一同はお祓いを受けて、手水で身を清め、塩をかけてもらいます。

その後、仮霊舎に遺骨と霊璽、遺影を安置し、斎主が葬儀の終了を奉告する祭詞奏上、玉串奉奠を中心とする「帰家祭《きかさい》」を行います。

帰家祭のあとは、仏式の初七日にあたる「十日祭」を行うこともあります。十日祭も神官による祭詞奏上や玉串奉奠が中心になります。

神式葬儀がすべて終了すると、仏式の精進落としにあたる「直会《なおらい》」を行います。本来は祭壇に供えた神饌をいただくものですが、現在は、神官や参列者を慰労するための会食という意味が強くなっています。

五十日祭と納骨、香典返し

「霊祭」は仏教でいう法要にあたるもので、亡くなってから10日ごとの「斎日」と、年単位で行う「式年祭」があります。

斎日には十日祭、二十日祭、三十日祭、四十日祭、五十日祭がありますが、現在、二十日祭、三十日祭は省略されるケースがほとんどです。

五十日祭は仏式の四十九日法要にあたるもので、この日を忌明けとし、神官を招いて祭儀を行い、合わせて神棚封じを解く「清祓《せいばつ》の儀」を行います。通夜祭のときに仮霊舎に納められた霊璽は、先祖の霊を祀る祖霊舎に納めます。

また、仏式同様、このころに香典返しをするのが慣例です。表書きは「志」または「偲草《しのびぐさ》」とします。

納骨も五十日祭に行うのが一般的で、神官によるお祓いと祭詞奏上、参列者による玉串奉奠のあと、納骨されます。

式年祭には、一年祭、三年祭、五年祭、十年祭、二十年祭、三十年祭、四十年祭、五十年祭と続き、百年祭まであります。比較的手厚く営まれるのが一年祭、三年祭、五年祭、十年祭で、そのほかは省略されることが多くなっています。

キリスト教式での家族葬の進め方

キリスト教式葬儀の特徴

カトリック（旧教）とプロテスタント（新教）も、死後は天国に召されると考えられていますが、死に対する考え方が異なるため、葬儀にも違いがみられます。

カトリックでは、死者は天国で復活し、永遠の休息が与えられるとされています。しかし、人間は罪深い存在と考えられているため、葬儀では神に故人の罪を詫び、許しを請《こ》い、永遠の安息が得られるように祈ります。戒律が厳しいカトリックでは、葬儀は故人が所属していた教会で、教会指定の葬祭業者の手によって行われます。信者はベールをかぶるのがしきたりで、式は厳《おごそ》かに進められます。

一方、プロテスタントでは、死者はただちに天に召され、神に仕えるとされており、教派による違いがありますが、葬儀では、故人が生前に受けた神の恵みに感謝する祈りをささげます。儀式よりも個人の信仰を重んじるため、葬儀でも格式張ったことはしません。教会にかぎらず自宅や斎場で牧師を招いて葬儀を行うこともあり、葬祭業者も決まっていない場合があります。

なお、キリスト教には、本来、通夜にあたる儀式はありませんが、日本では、通夜式を自宅や教会で行うのが一般的です。また、通夜ぶるまいや精進落としに代わるものとして、通夜や火葬のあとに、参列者を茶菓《さか》でもてなすこともあります。

カトリックの葬儀の進め方

臨終後は、エンゼルケア（死後の処置）を行い、死化粧を施し、着替えさせたら、胸の上で手を組ませ、愛用していたロザリオを持たせます。

納棺は通夜の前に行う場合と通夜のあとに行う場合があります。神父による納棺の辞や聖書の朗読に続いて、聖歌斉唱や祈りをささげ、遺体を棺に納め、まわりを白い花で埋めます。棺は黒い布でおおい、十字架をのせます。

通夜は「納棺祈祷式」「通夜の集い」「通夜の祈り」として行いますが、しきたりはとくにありません。神父を自宅などに招き、神父の指示によって枕飾りを整え、聖歌斉唱、神父による聖書朗読・説教、献花などをします。喪主挨拶をしたり、茶菓で参列者をもてなすこともあります。

葬儀当日は、自宅から教会へ棺を移動する際、神父に出棺の祈りをしてもらいますが、神父を迎えずに行うこともあります。

キリスト教式葬儀の祭壇

写真提供　有限会社サービスセンター白備

葬儀は、次のように進行します。

①参列者着席

②入堂式……司祭、棺、遺族の順に入場して棺を安置。

③ことばの典礼……聖書の朗読や聖歌斉唱、説教など。

④感謝の典礼……遺族がパンとぶどう酒を奉納し、ミサが行われる。聖歌や祈りをささげ、故人が神に受け入れられることを祈る。

⑤赦祷《しゃとう》式……神父が追悼説教を行い、故人の罪や汚《けが》れを清める。

⑥神父退場

告別式は遺族側（葬祭業者）の進行で行います。聖歌斉唱、故人の略歴紹介、告別の祈り、弔辞・弔電披露、喪主挨拶、会葬者の献花などを行い、出棺します。

POINT

キリスト教式葬儀を簡略化する場合は

- カトリックでは、所属している教会で葬儀ミサの形で進めるのがほとんどです。家族数名だけで行う場合は、神父の聖書朗読（ことばの典礼）を中心に、聖歌隊による聖歌斉唱のなか、家族が故人への感謝の意を込めて献花をするスタイルが多くみられます。
- プロテスタントでは、教会だけでなく、斎場や自宅でも行うことができます。牧師を招いて説教・祈祷を中心に行うことが多いようです。牧師を招かない場合は、家族で讃美歌を歌い、思い出を語り合って、献花の代わりに黙祷で感謝の気持ちを表すのもよいでしょう。

プロテスタントの葬儀の進め方

臨終の際は、末期《まつご》の水を含ませます。その後、エンゼルケア（死後の処理）を行い、死化粧をほどこし、着替えさせて納棺します。

納棺する際は、牧師を招き、祈りをささげたあと、遺族の手で納棺します。まわりを白い花で埋め、棺に黒い布をかけます。

棺の枕元には小机を置き、黒か白い布でおおって、遺影を飾り、白い清楚な花を添えます。

遺族が棺の前に着席したら、讃美歌斉唱や聖書朗読、祈り、牧師による納棺の辞などからなる「納棺式」を行います。

引き続き、通夜にあたる「前夜式」を行いますが、納棺式と兼ねる場合もあります。前夜式では、讃美歌斉唱や聖書朗読、祈り、牧師による説教、献花などが行われ、喪主挨拶や、茶菓《さか》による参列者のもてなしが行われることもあります。

葬儀当日は、一般的に次のように進行します。

①参列者着席

②入場……牧師、棺、喪主、遺族の順に入場して棺を安置。

③讃美歌斉唱・聖書朗読

④牧師による祈祷・故人の略歴紹介・説教・祈祷

⑤讃美歌斉唱

その後、告別式に移ります。弔辞・弔電披露、讃美歌斉唱、喪主挨拶、献花などを行い、出棺します。

火葬や納骨 香典返しについて

火葬場に着いたら、炉の前に棺を安置し、十字架や生花を飾ります。司祭・牧師が最後の祈りをささげ、聖歌・讃美歌を斉唱して火葬します。

キリスト教では香典返しの習慣はありませんが、日本では、仏式に習い、死後1か月目ごろに記念品を送るのが一般的です。表書きは、「感謝」や「志」、あるいは、カトリックの場合は「昇天記念」、プロテスタントの場合は「召天記念」とします。

また、納骨の日取りについてもとくに決まりはありませんが、日本の習慣に従い、死後49日目くらいに行うことが多いようです。

カトリックでは、死亡した日から3日目、7日目、1か月目に追悼ミサを行い、祥月《しょうつき》命日には死者記念のミサを行います。また、11月1日を「万霊《ばんれい》節《せつ》（死者の日）」として死者に祈りをささげ、お参りをして花を手向《たむ》ける風習があります。

プロテスタントでは、死後1か月目に召天記念日を行い、数年間は1年ごとの命日に記念式を行うのが一般的です。

3章

自由葬の進め方

無宗教で行う家族中心の葬儀

宗教を超えた新感覚の小さなお葬式

仏式の葬儀が庶民の間で営まれるようになったのは、江戸時代に檀那《だんな》寺《でら》制度ができてからといわれています。それまでは単に埋葬をするのが一般的でした。

檀那寺制度によって、すべての家がどこかの寺院の檀家となり、葬儀はその寺院の宗派にのっとって行い、亡骸《なきがら》も檀那寺（菩提寺《ぼだいじ》）の墓地に埋葬するようになりました。それ以降、仏式葬儀が主流を占めるようになり、現在に至っています。

しかし、最近は、菩提寺をもたない家が多く、葬儀のときだけ知らない寺院に依頼することに抵抗を感じる人もあり、「あの世」に対する意識の変化とともに、寺院離れが進んでいるといわれます。

そうした時代背景から、無宗教葬を行うケースが増えてきています。「無宗教」というと、「神仏の否定」という意味にとられがちですが、この場合は、「宗教によらない葬儀」あるいは「宗教を超えた告別式」を指します。

注意すべきポイントは

無宗教式の家族葬を故人とのお別れにふさわしい式にするためには、まず遺族がその意思を葬祭業者にはっきりと伝えることが大切です。

短い時間で気持ちの整理をし、できるだけ簡単に、しかも精神的・肉体的負担を減らしてお別れができるよう、業者に依頼しましょう。

無宗教葬を行うと、そのときは戒名《かいみょう》はつけてもらえません。菩提寺がある場合は、戒名がないと納骨を許可されないことがありますので、事前に菩提寺に相談する必要があります。なかには、あとから戒名をつけてもらい、納骨できるお寺もあります。

了承を得られない場合は、宗教を問わない公営や民営の墓地（霊園）に新たにお墓を求めることになります。

親族の反対にあったら

無宗教葬を行う場合の最大の問題は親族の理解が得られるかどうかです。昔ながらの葬儀の慣習が残る地

無宗教式家族葬のメリット・デメリット

メリット

①形式にとらわれる必要がない

②宗教者主導ではなく、自分たちが主体なので精神的な負担が少ない

③故人らしさを尊重した、手づくり感覚の式を行える

③上手にプランニングすれば、思い出に残る、心温まる式になる

デメリット

①なじみがないため、家族や親族がとまどうことがある

②菩提寺にお墓がある場合は、納骨できないことがある

③プランニングを失敗すると、メリハリのない式になってしまう可能性がある

④親族の理解を得られず、お互いにしこりを残すおそれがある

域では、読経も焼香もない葬儀に物足りなさを感じる人が多いようです。主催者は、それが故人の遺志であることを説明し、ゆるぎない態度で臨みましょう。エンディングノート（34～35ページ参照）があれば、それを見せて、故人の遺志であることを示し、納得してもらいます。

葬祭業者選びが大切

無宗教式の家族葬を滞りなく行うためには、経験が豊富な葬祭業者を選ぶ必要があります。

その業者がこれまでに手がけた無宗教式家族葬の記録を見せてもらったり、専門の相談窓口に問い合わせて適切な業者を紹介してもらうとよいでしょう。その場合も、どのような式を執り行いたいかを明確に伝えることが大切です。

仏式をアレンジした新しい家族葬

仏式をベースに、自由な発想を加えた家族葬

少しずつ増えてきている無宗教葬ですが、まだ一般的とはいえないため、実行するには難しい面が多いのも事実です。

また、葬儀を終えたあと、故人に対してどのように接すればよいのか、迷うこともあります。たとえば、仏式なら仏壇に向かって手を合わせますが、無宗教葬ではそれがありません。四十九日や新盆《にいぼん》など供養の形式がないため、どうしたらよいかわからなくなってしまいます。

これまで一般的だった仏式の葬儀には、「魂をあの世へ送るための儀式」としての要素が含まれていました。それがないわけですから、心の区切りがつきにくい一面もあります。

そこで、仏式の家族葬をベースにして自由な発想を取り入れた折衷案《せっちゅうあん》が考え出されました。親族の反対や納骨の問題も回避できるうえ、故人の遺志や故人らしさも演出できるという意味で、現代の日本でもっともスムーズに行える新しい家族葬の形といえるでしょう。

仏式をアレンジした自由な発想の家族葬を行いたい場合は、事前に宗教者の了解を得るようにします。前述したように寺院離れが進んでいるといわれる昨今は、昔と違って檀那《だんな》寺《でら》関係が弱くなり、宗教者の側でもこうしたアレンジを了承する傾向が高まっています。

仏式の取り入れ方はさまざま

自由な発想の取り入れ方は、ケース・バイ・ケースで、次のような方法もあります。

- **通夜は通常の仏式で行い、告別式を宗教色のないお別れ会にする**
- **通夜、告別式ともに仏式で行い、家族だけの参列にする方法**
- **仏式葬儀のあと、献花や献灯を行ったり、仏式の葬儀の前後に、故人の好きだった曲の生演奏を流す**

仏式部分と、自由葬部分があまりにもかけ離れていると、参列者にも違和感があります。アレンジのしかたについては、葬祭業者と十分に打ち合わせをしましょう。

仏式をアレンジした自由葬における生花祭壇

写真提供
株式会社北典社
生花部

宗教色を排した個性豊かな祭壇

写真提供
有限会社サービスセンター白備

仏式葬儀を行ったあとに、生演奏をとり入れる演出も比較的多くみられる

写真提供
有限会社あるぶる音楽事務所

通夜と告別式を兼ねる「通夜葬」

仏式葬儀をより簡素化したスタイル

通夜葬は、通常の葬儀と密葬（火葬のみの式）の間に位置づけられる葬儀のバリエーションの1つで、「通夜を葬儀の中心」とするものです。

通夜と告別式をそれぞれ行うほど大げさなものにはしたくない、とはいえ、火葬だけではあまりに寂しいという場合に行います。

通夜葬では、簡単な祭壇を設置して、ひと晩家族が遺体に付き添い、翌朝出棺し、火葬します。

通夜で故人と十分なお別れができるということもあって、シンプルな家族葬として希望する人が増えつつあります。

遺体に付き添える会場を選ぶ

会場は、遺体にひと晩中付き添えるところを選びます。自宅に安置できればよいのですが、マンションなどで困難な場合は、集会場や、地域の会館などを利用するのもよいでしょう。

貸しホールのなかには、夜間の付き添いや宿泊ができないところもありますが、自宅のような雰囲気で通夜を行えるところもあります。費用の点で割高になりますが、利用しやすいことから人気が高まってきています。

会場選びは、葬祭業者に相談するとよいでしょう。

通夜葬の進行例

① **遺体の搬送と安置**　ひと晩遺体に付き添うことができる自宅や貸し会場などに安置する
② **簡単な祭壇を設ける**
③ **僧侶入場**
④ **僧侶の読経、引導**
⑤ **遺族・参列者の焼香**
⑥ **僧侶の法話**
⑦ **僧侶退場**
⑧ **喪主の挨拶**
⑨ **通夜ぶるまい**　飲食をしたり、語り合ったりしながら、夜を徹して遺体を守る
⑩ **出棺**　翌朝、棺に花や送別の品を納めて出棺

通夜葬の費用の実例

病院からご自宅へ、通夜をし、翌日火葬

項目	品目	料金（消費税込み）（火葬は民営）	料金（消費税込み）（火葬は公営）
必須	棺一式	47,250円	47,250円
	ドライアイス(1回)	10,500円	10,500円
	骨董一式	12,075円	10,500円
	企画・運営	73,500円	73,500円
	ご遺体搬送費(2回)	52,500円	52,500円
	火葬料	48,300円	（0円〜）10,000円
	待合室使用量	（10名）2,100円	0円
	小計	246,225円	204,250円

※仏式を希望する場合は、このほかに読経や戒名の費用などが発生します。

ケースによって必須	ご遺体保管料	公営3,150円〜 民営8,400〜10,500円程度
オプション	遺影一式(白黒・カラーとも)	26,250円
	納棺花	10,500円〜
	簡易花祭壇	63,000円〜
	棺上花	10,500円〜
	後飾り一式	21,000円
	読経(釜前で)	50,000円〜（相談）
	戒名	150,000円〜（相談）

〈資料提供：NPO家族葬の会〉

COLUMN

遺体を終夜守る通夜

通夜とは、「夜通し」の意味で、遺族や近親者が死者を葬る前に遺体を守りながら一夜を明かすことをいいます。

通夜には、死亡当日の夜に遺族や近親者だけで行う「仮通夜」と、一般弔問者を迎えて行う「本通夜」があります。本来の通夜は、遺族だけが集まって、故人の霊を慰めたり、思い出を語ったりして、できれば生き返ってほしいとの願いを込めて、ひと晩中、灯明と線香を絶やさないようにしていました。

現在では1、2時間ですませる半通夜がほとんどで、告別式に参列のできない会葬者を迎える「夜間告別式」化してきています。

自由葬の進め方

④

無宗教式の家族葬の準備

無宗教葬を行うときに注意しておきたいこと

無宗教式の家族葬は、一連の宗教儀式にのっとったマニュアルがないため、自分たちで計画を練り上げていく難しさがあります。そのためにも、どのような形で行いたいか、イメージを固めることが大切です。

① 葬祭業者を決める

無宗教式では、葬祭業者の企画力やセンスが大きく問われます。手間を惜しまず、複数の葬祭業者に電話をしたり会ったりして、相性のよい担当者を探しましょう。遺族の意向をくんでくれること、見積書をきちんと提出してくれることはもっとも大切なことです。

② 規模、形態をどうするか

「会葬者中心ではなく、遺族中心での葬儀ができる」という点が家族葬のメリットです。その意味でも、5〜20人規模が一般的です。

以下の4項目については、トラブルのもとになりやすいので、事前に決めておく必要があります。

- 葬儀を知らせる範囲
- 香典を受け取るかどうか
- 祭壇を設けるかどうか
- 葬儀後、死亡を通知する範囲

③ 日時と場所を決める

故人が生前暮らした自宅で、家族と最後のひとときを過ごすのもよいでしょう。しかし、「マンション暮らしで自宅では無理」「棺や祭壇を置くスペースがない」などという場合は、家族葬向けの小ホールや葬儀場を探すことになります。

最近では、参列者の少ない葬儀を対象にした、小型葬儀場が次々と開設され、利用者が増えています。

ホールや葬儀場を借りるにあたっては、使い勝手のよさを第一に選びましょう。通夜から葬儀まで遺体のそばについていられるか、ベッドなどの宿泊設備は整っているか、朝食の用意はしてもらえるか、などがチェックポイントです。

④ 内容の打ち合わせ

故人や遺族の意向を優先して、一からつくり上げていく手づくりの葬儀が無宗教式の家族葬です。ただ音楽を流すだけでは心に残らない葬儀になってしまうこともあります。そ

小規模ホールを利用した無宗教葬での生花祭壇（中央が棺）

写真提供
有限会社サービスセンター白備

れを避けるためにも、喪主側が葬儀についてのイメージを葬祭業者に具体的に伝えることが大切です。葬祭業者の担当者に故人の人となりを知ってもらい、もっとも故人らしいエピソードを核に、葬儀を演出してもらいます。

⑤参列者を選ぶ

家族葬でも、ごく親しい友人を呼ぶことはあります。その場合、訃報《ふほう》を聞いて、どうしても参列したいといってくる人も予想されます。それらをすべて受けていたら、イメージした家族葬は行えません。実際に、10人規模の家族葬だったはずが、結果は３００人にも及んだというケースもあります。このような場合の対応については、葬祭業者の意見も聞いて遺族で合意しておきましょう。

なお、参列をお断りする場合には、香典は受け取らないのが原則です。

喪主の挨拶も事前に準備する

無宗教葬においても喪主の挨拶は欠かせません。一般の葬儀のように改まった挨拶は必要ありませんが、悲しみのあまり取り乱したり、感傷的になりすぎるのも考えものです。

ある無宗教葬でのことですが、故人（30歳代）の妻が挨拶に立ち、20分近くも故人に対して別れのことばを述べました。最初は参列者全員がもらい泣きしていましたが、感傷的なことばの連続にやや疲れてきたようでした。淡々とした短すぎる挨拶も味けないものですが、長くてもせいぜい3分と心得ましょう。

印象的な挨拶をするためには、できるだけ事前に準備しておきたいものです（喪主の挨拶の内容については１１９ページ参照）。

無宗教葬の一般的な進行例

決まったスタイルがないのが無宗教式家族葬の特徴

繰り返し述べてきたように、無宗教式家族葬には決まったスタイルはありません。ですから、ここで紹介するのはあくまで一例です。これを元にアレンジするのもよいですし、まったく新しいオリジナルな式をつくるのも自由です。

たとえば、仏式の焼香の代わりに献花をするのが定番になっていますが、棺を囲んで静かに時間を過ごすほうが故人とのお別れにふさわしいと思えば、あえて献花をする必要はありません。

あくまでも故人に感謝し、最後のお別れをするのが目的ですから、人が見てどう思うかといったことは気にすることはありません。

故人の個性と遺族の気持ちを表現する

葬儀というとしめやかな雰囲気を想像しますが、陽気な性格で歌が好きな人だったら、明るい歌をみんなで聴くのもよいでしょう。故人がかわいがっていた孫たちが楽器を演奏することもあります。参列者全員で合唱するのも家族葬ならではの味わいがあります。

時間が許せば、参列者1人ひとりに故人との思い出を語ってもらう方法もあります。ただし、参列者の重荷にならないように配慮することが大切です。

無宗教葬の式次第例

① 参列者入場
故人が好きだった音楽や鎮魂歌のBGMが流れるなか、遺族・親族が入場し、着席する。

② 開会の辞
進行役による開会の辞のあと、式次第を簡潔に説明する。

③ 故人の略歴紹介
最近は、ビデオやスライドを利用することが多くなっている。

④ 追悼のことば
親しい友人に思い出を語ってもらう。会場の制約がなければ、故人の好んだ曲を楽器の得意な

献花をするときは故人の好きだった花を

献花には白菊を用いるのが一般的でしたが、家族葬では菊を使うことはあまりなく、カーネーションやバラ、ランなど、故人の好きだった花をささげるのがふつうです。これらの花を1本ずつラッピングしてリボンをつけたものもよく使われています。参列者には、祭壇の近くで喪主がお礼のことばを述べながら花を手渡すと、より心が伝わります。

別れ花と出棺の儀式はある程度形式を踏まえて

献花がすんだら、お別れの儀を行います。参列者全員で棺を囲み、生花祭壇の花を摘んだものを、1人ひとりがお別れのことばをかけながら棺に入れ、遺体を飾ります。

故人に持たせたいものがあれば、ここで入れてあげます。読書が好きだった人なら愛読書や読ませてあげたい本を入れるのもよいでしょう。ただし、あまり厚い本を何冊も入れることはできません。

最後に全員で棺のふたを閉めます。ふたを閉めたところで、喪主がお礼の挨拶をし、司会者が閉式の辞を述べます。

その後、男性数人の手で棺を霊柩車に運び入れ、参列者全員で火葬場に向かいます。

人たちが演奏するのもよい。

⑤献　花

BGMが流れるなか、喪主、遺族、親族の順に行うのが一般的。

⑥お別れの儀

棺のふたを開け、会葬者が最後のお別れをする。献花した花の茎を取って花の部分だけを棺に入れる。もたせてあげたい品があれば一緒に納めて棺のふたを閉める。参列者が少人数の場合は、全員でふたを閉める。

⑦喪主挨拶

無宗教式の葬儀を行った理由を簡単に説明し、参列してくれたことへのお礼を述べる。

⑧閉会の辞

進行役が式終了のことばを述べる。

⑨出　棺

自由葬の進め方 ⑥

無宗教葬ではこんな演出法がある

読経や讃美歌の代わりに音楽を取り入れる

仏式では、僧侶の指示に従って参列者全員がお経を読む場合があります。キリスト教式では、讃美歌(聖歌)を斉唱します。無宗教葬では、それらに代わるものとして、参列者全員で合唱する方法があります。全員が参加する演出が何か1つでもあると、思い出に残る和やかな葬儀になるでしょう。

曲目は、歌謡曲や演歌、ポピュラー、童謡など、故人にふさわしく、また、全員が歌いやすい曲を選びましょう。歌詞カードを用意しておいて、当日参列者に配ります。

ミニコンサート風にして故人を見送る音楽葬も、無宗教葬でよくみられるスタイルです。

音楽の使い方は、開式前から出棺後まで流し続けるケースや、開式前・追悼のことば・お別れの儀・出棺のときに流すケースなどさまざまです。

生演奏を取り入れる場合は、準備に時間がかかったり会場の制約があるので、実績のある専門業者に相談するとよいでしょう。

音楽葬に関する問い合わせ先

◆有限会社あるぶる音楽事務所
電話 03-5771-8345
http://www.arbre-music.com

思い出の品を展示するメモリアルコーナー

故人のこれまでの人生を物語る品を飾るメモリアルコーナーを設け、参列者に見てもらいます。展示するものは、愛用品や好んで着ていた衣服、帽子、趣味の作品、アルバムなどでもよいでしょう。

また、故人が好きだった日本酒やウイスキーなどを置いて、参列者に自由に飲んでもらうのも一案です。

映像でありし日の故人をしのぶ

故人の略歴と人柄、功績などをビデオやスライドで見せる方法は、最近よく用いられています。

ビデオ映像がなく写真しか残されていない場合は、葬祭業者に依頼すればナレーションや音楽つきでビデオに加工してもらえます。

葬儀によく使われる曲目

外国の曲

エーデルワイス
（詞：ハマースタイン　曲：ロジャース）

大きな古時計
（訳詞：保富康午　曲：ワーク）

故郷の人々
（日本語詞：勝承夫　曲：フォスター）

ムーン・リバー
（詞：マーサー　曲：マンシーニ）

枯葉
（訳詞：岩谷時子　曲：コスマ）

日本のポップス・童謡・唱歌

見上げてごらん夜の星を
（詞：永六輔　曲：いずみたく）

川の流れのように
（詞：秋元康　曲：見岳章）

秋桜（コスモス）
（詞・曲：さだまさし）

空に星があるように
（詞・曲：荒木一郎）

涙そうそう
（詞：森山良子　曲：BEGIN）

忘れな草をあなたに
（詞：木下龍太郎　曲：江口浩司）

花
（詞・曲：喜納昌吉）

精霊流し
（詞・曲：さだまさし）

昴（すばる）
（詞・曲：谷村新司）

月の砂漠
（詞・加藤まさを　曲：佐々木すぐる）

浜辺の歌
（詞：林古渓　曲：成田為三）

クラシック

ショパン作曲　ピアノソナタ第2番「葬送」第3楽章
ドボルザーク作曲「新世界」より「家路」
バッハ作曲「G線上のアリア」
バッハ作曲「無伴奏のチェロソナタ」
ベートーベン作曲　ピアノソナタ「悲愴」
モーツァルト作曲「レクイエム」
ラベル作曲「亡き王女のためのパバーヌ」

絵画や書を趣味としていた故人の自宅での葬儀では、祭壇の横に故人の作品が飾られた

写真提供
有限会社サービスセンター白備

無宗教式の家族葬でのお別れのことば

参列者がそれぞれのことばでお別れを

　無宗教葬だからといって、楽器演奏やコーラスなど、何か特別なイベントを行わなければいけないかというと、けっしてそんなことはありません。１人ひとりが、故人に対する感謝の気持ちや惜別《せきべつ》の思いを、自分のことばで述べるだけでも十分です。残された人たちの間でも、温かい心の通い合いができるはずです。大切なことは、故人の魂を親しい人たちが集まって弔《とむら》うことなのです。

　また、送ることばは、手紙にしたため、読み上げたあと、棺に納めてもよいでしょう。形式にこだわらず、自分の思いをつづってみましょう。

妹から兄へ送ることば例

お兄さん、こんなに早くお別れの日がくるなんて思ってもみませんでした。さまざまな思いがよぎり、いまはありがとうの気持ちでいっぱいです。子どものころは、いつもお兄さんについてまわっていましたね。お兄さんが東京の大学に進学してからは、あまり顔を合わせる機会がなかったので、お兄さんの帰省を何よりも心待ちにしていました。

　結婚されてからは、よき父、よき夫でもありましたね。幸せそうな様子に、妹としてうれしく感じるとともに、ことあるごとに安心感を与えてくれるお兄さんを、私はずっと心の支えにしていました。その支えを失い、とても寂しく、心細く感じています。

　お兄さん、残された家族や今後のことについては、どうぞご安心ください。良平くんも美咲ちゃんも、とてもしっかりしているから心配ありません。私たち身内も、できる限りお力になりたいと思っています。

　病気から解放されたいま、好きだった風景写真の撮影を存分に楽しんでください。私たちも1日1日を大切にして生きていきます。

喪主による参列者への謝辞

出棺に際して行う喪主の挨拶は、基本的に仏式の場合と同じです（72ページ参照）。それに加えて、無宗教葬という形式で葬儀を行ったいきさつを述べます。故人の病名や、闘病の様子などについては、悲しみが増すばかりであれば、語る必要はありません。

謝辞の内容

①会葬のお礼
②死去の報告
③生前、故人がお世話になったことに対するお礼
④無宗教葬という形式をとった理由
⑤今後の遺族への支援のお願い

喪主のお礼のことば例

喪主として、ひと言ご挨拶を申し上げます。本日は、ご多用の折、故・○○○○の葬儀にお運びいただきまして、まことにありがとうございました。

また、これまで父を温かく支えてくださったことに対しましてもお礼申し上げます。

父は、○月○日に急性心不全で亡くなりましたが、体調不良を感じさせることなく、倒れる数日前まで仕事に趣味にと、元気に動きまわっておりました。長く苦しむことなく、家族に看取られながら旅立っていけたことが、せめてものなぐさめでございます。

このたびは、父の遺志により、無宗教葬という形をとらせていただきました。あまりなじみのない葬儀ではありましたが、お陰さまで、和やかな雰囲気のなかで、葬儀をすませることができました。父もさぞ満足して永遠の眠りについたことでしょう。

皆さまには深いご理解とご協力をいただきましたこと、父に成り代わりましてお礼申し上げます。

今後とも、私ども遺族に対しましても、変わらぬご支援をどうぞよろしくお願いいたします。

本日は、最後までお見送りくださいまして、ありがとうございました。

無宗教葬の会葬礼状

礼状の文章は自分で書く

会葬礼状は、葬儀社が用意した定型文（65ページ参照）を、返礼品とともに通夜・告別式当日に渡すのが一般的です。

しかし、自由葬の場合、葬儀そのものが手づくりなのですから、会葬礼状も既製の文章ではなく、喪主自身が書くほうがふさわしいといえます。故人への思いと会葬者への感謝の気持ちをこめたオリジナルな会葬礼状を作成してみましょう。

形式は、縦書き、横書き、どちらでもかまいません。故人の好きなことばを引用したり、故人の写真を印刷するのもよいでしょう。

オリジナル会葬礼状例

＊ごく小規模の場合は、会葬礼状は省略されることもある

亡父○○○○の葬儀にご会葬いただき、心よりお礼申し上げます。父は、大学を卒業後、教職につき、○○県内の小学校で、35年にわたって教鞭をとってまいりました。

定年退職後は、児童会運営に活動の場を移し、地域の皆さま方との交流のなか、73年の生涯の幕をおろしました。子どもたちの成長を楽しみにする、おだやかな人生であったことだろうと思います。

生前、多くの皆さまに、さまざまな形でお世話になりましたことを感謝し、御礼申し上げます。

喪主　○○○○
外　親戚一同

謹啓

先日はお忙しいなかを亡夫○○○○の葬儀にご会葬くださいまして、本当にありがとうございました。

宗教とは無縁で生きてきた夫ですので、形式にとらわれない葬儀となりましたが　皆さまの心のこもったお別れのことばで温かく、そして夫らしく送ることができました。

略儀ながら書中をもってお礼申し上げます

謹白

平成○年○月○日

喪主　○○○○
外　親戚一同

4章

火葬式・自然葬の進め方

葬儀を行わずに見送る「火葬式」

火葬式はもっともシンプルなセレモニー

火葬式は、通夜・告別式は営まず、火葬場で行う葬式のことで、「直葬《ちょくそう》」「茶毘葬《だびそう》」とも呼ばれています。

以前はあまり見られない葬儀のスタイルでしたが、ここ数年、火葬式を選択するケースが徐々に増えてきています。その理由は、次のようにさまざまです。

- 「お骨にするだけにして葬儀はしないでほしい」と、本人が意思を残した。
- 華美な祭壇飾りなどはやめ、シンプルな形で送りたい。
- 儀式めいたことは行わず、静かに故人との最後のお別れをしたい。
- 火葬をして、後日遺骨でお別れ会を催したい。

このように、葬儀に対する意識の変化が火葬式の増加にかかわっているようです。

火葬式では祭壇を設けませんし、立ち会うのは基本的に近親者だけですから、通夜ぶるまいや精進落とし、返礼品なども省略できるので、遺族にかかる経済的負担が少なく、もっともシンプルな形式といえます。

葬儀はしなくても葬祭業者の手伝いは必要

法律上、死後24時間は火葬に付すことができないため、それまで遺体を安置する場所を決め、そこへ搬送しなければなりません。さらに、死亡届の提出、火葬許可証の交付、火

火葬式の流れ

① 死亡診断書・死亡届をもらう
医師から死亡診断書を受取り、死亡届に必要事項を記入する（66ページ参照）。

② 葬祭業者を選び、安置場所を決める
自宅に安置できない場合は、火葬場に併設されている斎場などを利用する。遺体保冷庫に預ける方法もある（53ページ参照）。

③ 葬祭業者との打ち合わせ
遺体安置後、火葬の日時、宗教者の有無、火葬場の予約、費用などを打ち合わせる。

④ 死亡届・火葬許可証の手続き
役所に死亡届を提出し、火葬許可証の交付を受ける。葬祭業者に

葬場の予約などの手続きも必要ですから、個人ですべてを行うのはなかなか困難です。

また、火葬場によっては、葬祭業者や市区町村役所を通さないと申し込みを受け付けないところもあるので、初めから葬祭業者の手を借りるほうが無難です。

火葬式にかかる費用の項目は、遺体搬送（寝台車）、ドライアイス、枕飾り一式、棺、火葬料、休憩室料、骨壺料などです。総額は地域によっても葬祭業者によってもまちまちですが、一般的に18万〜30万円台と考えていいでしょう。

なお、病院に出入りしている葬祭業者の場合は、多くは葬儀全般を引き受けることを前提に準備を進めるので、「通夜や告別式はしない」ということを、搬送してもらう際にきちんと伝えることが大切です。

安置場所から火葬場へ

病院で亡くなった場合は、自宅か火葬場の遺体保管施設などへ搬送し、安置します。そして、その安置場所で、時間が許されるかぎり故人とお別れのひとときを過ごします。

翌日、納棺をします。このとき、棺に別れ花を入れたり、愛用品を入れることもできます。死化粧をしてあげたり、故人が好んでいた服に着替えさせて身支度《みじたく》を整えてあげるのもいいでしょう。

その後、火葬場へ遺体を移し、炉の前でお別れをします。希望すれば僧侶に読経《どきょう》をしてもらい、全員で焼香をすることもできます。

棺が炉に納められたら休憩室で待ち、火葬が終わったら拾骨をし、遺骨を受け取って帰宅します。

代行してもらうことが多いが、代行を依頼した時点でほかの業者に変えることは難しいので、打ち合わせをして、信頼できると納得がいってから依頼する。

⑤ 遺体と一緒に過ごす

自宅の場合は、一般の通夜と同様に近親者で夜を徹して遺体に付き添う。家族葬を扱う小型葬儀場には、遺族がひと晩付き添えるところもある。

⑥ 納棺をする

家族や親族が集まったところで、棺に遺体を納める。故人に持たせたいものがあったら一緒に入れる。

⑦ 火葬場へ

火葬場で最後のお別れをする（お別れができないところもある）。

⑧ 拾骨する

仏式では2人1組となって骨を拾い、骨壺に納める（84ページ参照）。

⑨ 遺骨を自宅へ持ち帰る

故人を自然に還す「自然葬（散骨）」

自然葬は埋葬方法の1つ

埋葬は、本来は死体を土中に葬ることですが、土葬が禁じられている現在は、墓に遺骨を納めることで、「納骨」ともいいます。

最近では、墓に入らず、遺灰を海や山にまく散骨や、里山に遺骨を埋めて墓標の代わりに樹木を植える樹木葬などの「自然葬」を選択する人も珍しくなくなってきました。自然葬を希望する理由としては、次のような声が多く聞かれます。

- お墓の継承者がいない。
- お墓にお金をかけたくない。
- 墓地に空きがなく、求めるのが困難。
- 暗いお墓に入りたくない。
- 残された子どもたちに墓守《はかもり》の負担をかけたくない。
- 死後は自然に還り、魂の永遠の安らぎを得たい。
- 思い出の場所で眠りたい。
- 行きたいと思っていた場所に埋葬されたい。

墓地不足や、少子化・核家族化など現実的なことが影響しているだけでなく、墓に対する価値観そのものも変わってきていることがうかがえます。

節度をもって ふさわしい場所に散骨を

散骨は、遺骨を細かく砕いたもの（遺灰）を海や川、山、湖などにまいて自然に還《かえ》す方法です。日本で散骨を広めたのは、１９９１年に発足した市民団体「ＮＰＯ葬送の自由をすすめる会」です。

遺骨を墓地以外のところに埋葬するのは墓地埋葬法で禁じられていますが、この法律は、焼骨を地中に埋める場合を対象にしているものです。そのため、遺灰を海や山にまく散骨については、「節度をもってふさわしい場所で行うのであれば違法ではない」として、容認されるようになりました。したがって、散骨を行う場合は、遺骨を粉末状に砕き、人に迷惑をかけない場所を選ぶなどの配慮が必要です。

散骨の時期については、四十九日の忌明《きあ》け後や一周忌などが多いようです。火葬式（１２２ページ参照）を行った場合は、そのまま散骨するケースもあります。そのほか、墓に埋葬し、数年たってからその骨を散骨することもあります。

遺骨の一部を散骨し残りは納骨する方法も

故人が自然葬を望むことばを残していても、遺族としては墓に納骨したいと思う場合もあるでしょう。そのようなときは、遺骨の一部は墓に納骨し、一部は故人の遺志どおりに散骨するという方法もあります。

散骨のしかたと請負業者

散骨をするには法的手続きも、書類の提出も必要ありません。

骨を細かく砕くのは個人で行うのは難しいため、専門の業者に依頼することが多いようです。最近は、散骨を請け負う業者が増えており、遺骨の粉砕も含めて船のチャーターからすべて依頼することができます。

海洋葬には、一家族だけで行う個人散骨と、数家族が一緒に行う合同散骨があり、料金は後者のほうが割安になります。

海洋葬では、遺灰を水溶性の袋に入れて海に投じます。散骨地点は業者や船長が確認し、記録しているので、再び現地にお参りをすることも可能です。

樹木葬の場合は、土に戻る素材の骨壺に遺骨を納めて埋葬します。

自然葬は、人前葬（無宗教葬）が基本ですが、特定の宗教で行いたいときは、その旨を業者に依頼するとよいでしょう。

なお、自然葬は、喪服ではなく平服で参加するのが一般的です。とくに乗船したり、山に登ったりする場合は、軽快な服装が適しています。

COLUMN

日本では奈良時代から散骨が行われていた

散骨は、仏教の発祥地インド（ガンジス河）をはじめとしてアジア一帯に広がり、欧米にも急速に広がっていきました。

散骨するには、遺体を火葬する必要があるため、死後の復活を信じて土葬するカトリック教圏よりもプロテスタント教圏で盛んになったようです。

日本では、万葉集や日本後紀に、淳和天皇、一条天皇などが自ら散骨を望み、実際に散骨されたという記述や歌が見られます。

日本で散骨が復活したのは、十数年前からで、女優の沢村貞子さんや作曲家のいずみたくさんは相模湾に散骨されています。

海に眠る　海洋葬

海に囲まれたわが国では、自然葬のなかでも海洋葬がもっとも身近なものかもしれません。現在、全国各地の民間企業や団体が行っており、散骨は、漁業、海上交通の要所を避けて行われます。

個人散骨の場合、一家で船を貸し切りにすることが多く、合同散骨の場合は数家族が一緒に乗船します。また、遺族は乗船しないで業者に預ける「委託散骨」もあります。

海洋自然葬（散骨）の風

散骨の方法

▶遺灰とともに花びらを投じる（右上写真）。
▶散骨した位置を海図上に正確に記して渡す（散骨実施証明書）。
▶式次第やBGMの曲は故人の遺志、遺族、友人の希望に添えるよう準備する。
▶料金には遺骨の粉末化、乗船料、献花（花びらのみ）、献酒（酒、ビール、ワインなど）、写真撮影が含まれる。
▶散骨場所は日本全国および海外。

費用（消費税込み）

▶個人散骨（9名以下）
262,500～294,000円
▶合同散骨（1柱につき2名参加）105,000円
▶委託散骨　52,500円（インターネットによる申込みは42,000円）

問い合わせ先

東京事務所（東京都千代田区）
TEL：0120-040-352（フリーダイヤル）
神奈川県事務所（神奈川県横須賀市）
TEL：0120-040-352（フリーダイヤル）
http://www.sgv2.com/kaze

NPO家族葬の会

散骨の方法

▶①故人の紹介、②散骨、③献花・献酒・献水、④黙祷、⑤警笛を鳴らして散骨場所を周回、⑥閉式の順で儀式を行う。
▶散骨場所は東京湾、相模湾。
▶出港地は逗子マリーナ、三崎港、平塚港。所要時間は１時間。
▶散骨証明書、写真撮影あり。

費用（消費税込み）

▶個人散骨（8名以下）　262,500円
▶委託散骨　89,250円

問い合わせ先

TEL：0120-77-5402（フリーダイヤル）
http://www.npo-kazokusou.net/about.html

里山に眠る 樹木葬

散骨ではなく、土の中に直接遺骨を埋葬し、石碑ではなく、樹木をシンボルとする樹木葬は、墓地埋葬法に基づき、墓地として許可されています。遺骨は土に還《かえ》り、森や里山を育て、さまざまな生命を育《はぐく》むということで、自然回帰を願う人たちの共感を呼んでいます。

岩手県長倉山知勝院 樹木葬

所在地 岩手県一関市萩荘

形態

半径1メートルの円内に、山つつじなど、墓地の環境に合った低木類を植える。継承者が続けて使用することが可能。宗教宗派は問わない。

費用（消費税込み） 500,000円

問い合わせ先 TEL：0191-29-3066
http://www.jumokuso.or.jp/description/index.html

市民団体・エンディングセンター 桜葬

所在地 東京都町田市真光寺町337-16

形態

市民団体・エンディングセンターが企画した樹木葬墓地（下写真）。民間霊園「町田いずみメモリアル」内にある。桜の木を墓標としてその下に眠る。継承者が続けて使用することが可能。宗教宗派は問わない。運営主体は宗教法人観泉寺。

費用（消費税込み） 共同区画：204,000円 個別区画：510,000円

問い合わせ先 エンディングセンター町田事務所 TEL：042-850-1212
http://www.endingcenter.com

異国の地に眠る　海外自然葬

外国の美しい海に散骨したい、思い出の地で眠りたいという希望もあります。実現してもらうためには現地の事情に通じた業者を選びましょう。

アートビジネス

形態

海外での散骨場所はヨーロッパ全域。音楽と芸術の街・ウィーンでも散骨可能。ニュージーランド、ニューカレドニア、フィジーなどの海へは、船だけでなく航空機を利用する方法もある。ネパールのエベレスト山散骨やモンゴルの草原、砂漠への散骨も行っている。

費用　国・地域、散骨方法によって異なる。

問い合わせ先　TEL：04-7185-2266　http://www.hghg.jp/

大空へ悠々と旅立つ　バルーン宇宙葬

大空から地上に舞い降りて、やがて土に還ります。

バルーン宇宙葬の会

形態

ゴムの木の樹液を原料にしてつくられたバルーンに遺灰を詰めて、大空へ飛ばす（下写真）。上空8000メートルまで上昇したバルーンは、気圧の関係で約７倍に体積が膨張し、粉々に拡散する。

費用（消費税込み）　180,000円

問い合わせ先　FAX：028-625-0044　http://www.kobo-1.com/balloon/

宇宙から大切な家族を見守る 宇宙葬

生きている間に宇宙へ行きたいという願いは、少しずつですが現実のものになろうとしています。大多数の人にとってはまだまだ遠い先の話ですが、死後には実現可能になってきました。

毎年、地球軌道上には、気象観測や通信・放送といったさまざまな目的で、数多くの人工衛星がロケットによって打ち上げられています。この衛星ロケットに遺骨を乗せ、地球軌道上に打ち上げます。

セキセー

形態

遺骨を専用のカプセルに入れ、申し込みからもっとも近い時期に打ち上げられる衛星ロケットに乗せる(下写真)。

1回に乗せられる遺骨は7グラムで、万が一の打ち上げ失敗に備えて2回分の14グラムを預ける。

専用カプセルには、故人のことばや家族からのメッセージを刻印。

遺族は打ち上げに立ち会うこともできる。打ち上げから地球周回の軌道に乗るまでを撮影し、記録DVDを作成。宇宙葬証明書も発行される。

カプセルは、地球の周回軌道上を半年から250年ほどまわり(打ち上げ高度により異なる)、最後は大気圏に突入して、流れ星のように消える。宇宙に留まることはないため、宇宙を汚すことはないことが確認されている。

費用(消費税別)

1,000,000円
(立ち会う人の渡航費用は別途)

問い合わせ先

TEL:0120-113-000(フリーダイヤル)
http://www.uchusou.com/

聖なる樹とともに大地に還る ニーム葬

ニームはインド産で、インダス文明の時代から、さまざまな神や女神が宿る神聖な木とされ、この木から多くの神像が造られてきました。

ニームの葉をくべた煙には、身を清め、災いを祓う力があると信じられています。

気高い香りを放つニームは、仏教の開祖・釈迦《しゃか》が愛した木でもあり、釈迦が入滅したとき、弟子たちが棺にニームの葉を入れ、ニームの木をくべて荼《だ》毘《び》に付したといわれています。

ニーム葬は、「自分がこの世で生かされてきたことへの感謝」と「人は大地へ還る」という釈迦の考えから生まれました。

また、5千年の歴史に培われたインド医学のアーユルヴェーダでも、薬効の高さから、神秘の薬として広く使われてきました。

寄生虫や害虫の駆除に優れた作用があるほか、私たちの健康に役立つさまざまな薬効があることが認められています。化学物質による健康被害が問題になっている現代、国連はこのニームを「20世紀最大の贈り物」と高く評価しています。

形態

ニームの葉とその香りで故人を送る葬送で（下写真）、葬儀後、インド政府から日本ニーム協会に贈られたインド・ブッダガヤの地に、ニームの苗木を植林し、希望により散骨もする。故人の名前で寄付（1苗2,000円）をし、ニーム協会が植林する。家族による手植えも可能。ニーム葬の費用の一部は、ニーム植林プロジェクトへ寄付される。

問い合わせ先

NPO法人・日本ニーム協会
TEL：03-5784-3425
http://www.nihon-neemkyokai.com/
(株)青山サテライトサービス
TEL：0120-034-343

5章

お別れ会の準備と進め方

お別れ会は告別式に代わるセレモニー

お別れ会は宗教儀礼ではなく社会的儀礼

何ごとも簡略化傾向にある現代は、お葬式も例外ではありません。もっとも一般的になっているのは、死亡日か翌日の夜に通夜を営み、その翌日に葬儀と告別式を続けて行うスタイルです。

しかし、本来、通夜と葬儀は僧侶の読《ど》経《きょう》を中心に近親者が故人の成仏を祈る宗教儀礼です。一方の告別式は、故人の友人・知人、会社の同僚などが最後のお別れをする社会的儀礼で、宗教から離れています。

お別れ会は、この告別式にあたり、近親者だけで葬儀をすませたあと、別の日に改めて催されます。

遺族主催のお別れ会と友人・知人主催のお別れ会

お別れ会は、遺族が主催する会と友人・知人が主催する会の2つに大別されます。

最近は葬儀に対する考え方がかなり自由になり、故人の生前の希望や遺言によって葬儀を小規模なものにしたり、近親者だけの内輪で行う家族葬も増えてきました。なかには葬儀そのものを行わないケースもあります。

このような場合に、後日、友人・知人や葬儀に出席できなかった親戚などを招いて、故人の身内が催すのが遺族主催のお別れ会です。生前、親しくつきあってきた人たちと永遠の別れをする場をもたせてあげたいという、遺族の思いを形にしたものといえます。

規模は、親族のみを招いた少人数のものから、故人とゆかりのあった人たちを招いての比較的盛大なものまでさまざまです。

友人・知人が主催するお別れ会は、故人と親交のあった人たちが発起人や幹事となって開く会で、規模もある程度大きくなるケースが多いようです。

故人が趣味のサークルの会長や、スポーツクラブの監督などを務めていた場合は、団体が主催することもあります。この場合も、遺族が葬儀・告別式を行ったあと、それとは別に開かれるのがふつうです。

お別れ会を催すメリットとデメリット

葬儀と告別式を同時に行うと、遺族は式の進行に追われて、故人とのお別れが思うようにできない場合があります。その点、葬儀とお別れ会を別に行えば、近親者だけでゆっくり故人を見送ることできます。

また、お別れ会の席で、故人とおつきあいのあった人たちから、思い出話や故人の意外なエピソードなどを聞くことができますし、遺族として生前の厚誼に対する感謝の意を伝えることもできます。

ただ、改めて会を開くわけですから、それなりの手間と費用がかかることは否めません。

家族が主催するお別れ会

身内だけで葬儀をすませたあと、故人の友人・知人とお別れの場をもたせる意味で、遺族が中心になって行う

友人が主催するお別れ会

遺族の意向によって葬儀に参列しなかった友人や仲間が、後日、遺族を招待して一緒に故人と最後のお別れをする

POINT

開催時期で異なるお別れ会としのぶ会

● お別れ会は、亡くなってからまだ日が浅い時期に開かれるのが一般的です。そのため、出席者は悲しみを抱えたまま、故人の冥福を祈る気持ちで参加します。お別れ会は、遺族が主催する場合と友人・知人が主催する場合があります。

● しのぶ会は、一周忌などに合わせて開かれることが多いものです。悲しみもある程度癒《いや》されている時期なので、故人の「思い出を語り合う会」という意味合いが強くなります。しのぶ会の場合は、友人や仲間が主催するケースが多いようです。

②

遺族が主催するお別れ会のポイント

お別れ会のスタイルに決まりはない

お別れ会のスタイルやプログラムに、特別な決まりはありません。出席者が故人とゆっくりお別れができるような、温かい雰囲気のなかで進めるのがポイントです。

遺族が主催するお別れ会では、親族だけが集《つど》うこぢんまりとしたお茶会形式から、故人とゆかりのある人を多数招待するパーティー形式までスタイルはさまざまです。

また、すでに近親者で葬儀をすませているわけですから、僧侶の読経《どきょう》や参加者の焼香といった宗教的儀礼をプログラムに組み入れるかどうかも、遺族の考え方によります。

死後2週間後から四十九日ぐらいが一般的

お別れ会を開く時期もとくに決まりはありませんが、故人とお別れをする告別式の意味をもたせる場合は、葬儀からあまり日にちがたたないうちに行うのが基本です。

一般には、死後2週間から四十九日の法要前（納骨の前）を目安に行う場合が多いようです。

招待者選びに困ったときは？

広く故人の交友関係を招いてのお別れ会は、招待者選びも容易ではありません。

相手にある程度の金銭的な負担（香

準備から当日までの流れ

① 会のスタイルを決める
宗教式か無宗教式か、会の規模と会場のイメージ、食事の有無、招待か会費制かなど。

② 日時を決める
死亡から2週間～四十九日を目安に設定。出席者が参会しやすいように日曜日や休日で、昼間の時間帯を選ぶと親切。友引の日は葬式同様に避けるのが望ましい。

③ 招待客のリストアップ
予算、規模などを考慮し、参会者を決める。

④ 会場を決める
四十九日前に行うときは葬儀後

典など）をかけることになりますから、年賀状のやり取りだけの人に招待状を出すと、かえって迷惑になりかねません。もっとも望ましいのは、本人が生前に参列してほしい人をエンディングノート（34〜35ページ参照）に書き込んでおくことです。それができなかった場合は、遺族が年賀状や名刺をもとに、学校関係、会社関係、友人関係といった具合にグループ分けをし、そのなかから絞り込んでいくのも1つの方法です。

招待者の人数や雰囲気を考えて会場を選ぶ

招待者の人数や、どのような雰囲気の会にしたいのか、予算はどの程度かを考え合わせて会場を選びます。

お別れ会では酒食をふるまうことが多く、以前は弔事・仏事に対応している料理屋などを利用しました。

いまは会場も多様化し、ホテルや公営施設、レストランなどがよく用いられます。そのほか、故人が創業した会社の会議場、生前よく通っていた喫茶店やスポーツセンターなど、故人ゆかりの場所で行うケースもみられるようになりました。

ホテルにはこんなメリット・デメリットがある

ホテルを会場にして行うお別れ会を「ホテル葬」と呼んでいますが、最近は小規模な会にも対応するホテルが増えてきています。ホテルの催事会場だけでなく、レストランの個室を提供しているところもあります。

ホテルで行うメリットとして、次のようなことがあげられます。

- **サービスの質がよく、企画力・演出力がある。**
- **料理のバリエーションが豊富で、出席者の顔ぶれに合わせて選ぶことが**

1週間ぐらいには会場を予約する。参会しやすいように交通の便や立地条件を考慮する。イメージに合った会場を選ぶためには、複数の会場を比較検討するとよい。

⑤招待状の発送

日時・場所などの詳細が決まりしだい、すぐに招待状（会費制であれば案内状）を発送する。とくに出欠の返事をもらう場合は、早急に送る。

⑥式次第を決める

会の開催に関して、葬祭業者に依頼しているときは、その担当者と打ち合わせをする。自分たちで行う場合は、会場の担当者に相談する。

⑦引き物を渡す場合は用意する

⑧お別れ会当日

遺影、位牌、供物などを持参するときは、早めに会場へ行く。

できる。

- ホテルは立地条件がよく、交通の便がよい。
- 遠方からの招待客には宿泊してもらうことができる。
- 個人で行うにはわずらわしい案内状や返礼品（引き物）の手配もしてもらえる。

デメリットとしては、ホテルの場合は、結婚披露宴などのお祝い事に使われることが多いので、その分制約が多い点です。

喪服ではなく平服の着用をすすめたり、僧侶の読経や、線香のにおいがこもる焼香を許可しないところもあります。遺骨や位牌の持ち込みは可能なところもありますが、規制の内容はホテルによって異なるので、事前に確認することが必要です。

一般のレストランでも、法要プランのあるところならお別れ会を行うことができます。ホテルほど厳しい制約はありませんが、ほかのお客さまも利用するので、読経や焼香はできない場合が多いようです。

お別れ会の案内状例

母〇〇儀、平成〇〇年〇月〇日　八十五歳の天寿を全ういたしました。
ここに生前のご厚誼を深謝し、謹んでご通知申し上げます。
葬儀は故人の遺志により、勝手ながら近親者のみで相済ませました。
つきましては、生前親しくおつきあいいただきました皆さまをお招きして、
故人をしのび心ばかりの粗餐《そさん》を差し上げたいと存じます。
ご多様の折恐縮でございますが、ご出席いただければ幸いに存じます。
なお、当日は平服にてお越しくださいますようお願い申し上げます。

平成〇〇年〇月〇〇日

遺族代表　〇〇〇〇

記

日時　平成〇〇年〇月〇〇日
場所　〇〇〇〇ホテル　〇階　〇〇〇の間
東京都〇〇区〇〇町〇〇―〇―〇
電話　03―3〇〇〇―〇〇〇〇

お手数ではございますが、準備の都合もございますので、同封のはがきにて〇月〇日まで
ご返信賜りますようお願いいたします。

会場や日時が決まったら招待状を発送する

ホテルなどを使用する場合は、参

加者数を確認して正式に予約を入れることになります。そのためには、早めに招待状を発送して、出欠の返事をもらう必要があります。

返信はがきを用いて、少なくても会当日の1週間前には返事が届くように手配しましょう。

故人の人柄がしのばれる演出を

お別れ会は「葬送の儀式」といった宗教的な意味づけはないので、故人の人柄をイメージできるように、自由な発想で演出することができます。

会場をセッティングするときのポイントは、遺影を引き立たせることです。遺影のまわりや祭壇を色とりどりの生花で飾ったり、招待者からの供花を飾る方法もあります。

祭壇にも故人の個性を表現したいものです。ゴルフが好きだった故人を思い、祭壇をティーグラウンドに見立てて花で飾った実例もあります。会場の一角に故人に関する品々を展示するメモリアルコーナーを設けたり（139ページ参照）、故人が好きだった音楽をBGMや生演奏で流すなど、故人の趣味や経歴を生かした演出を心がけましょう。

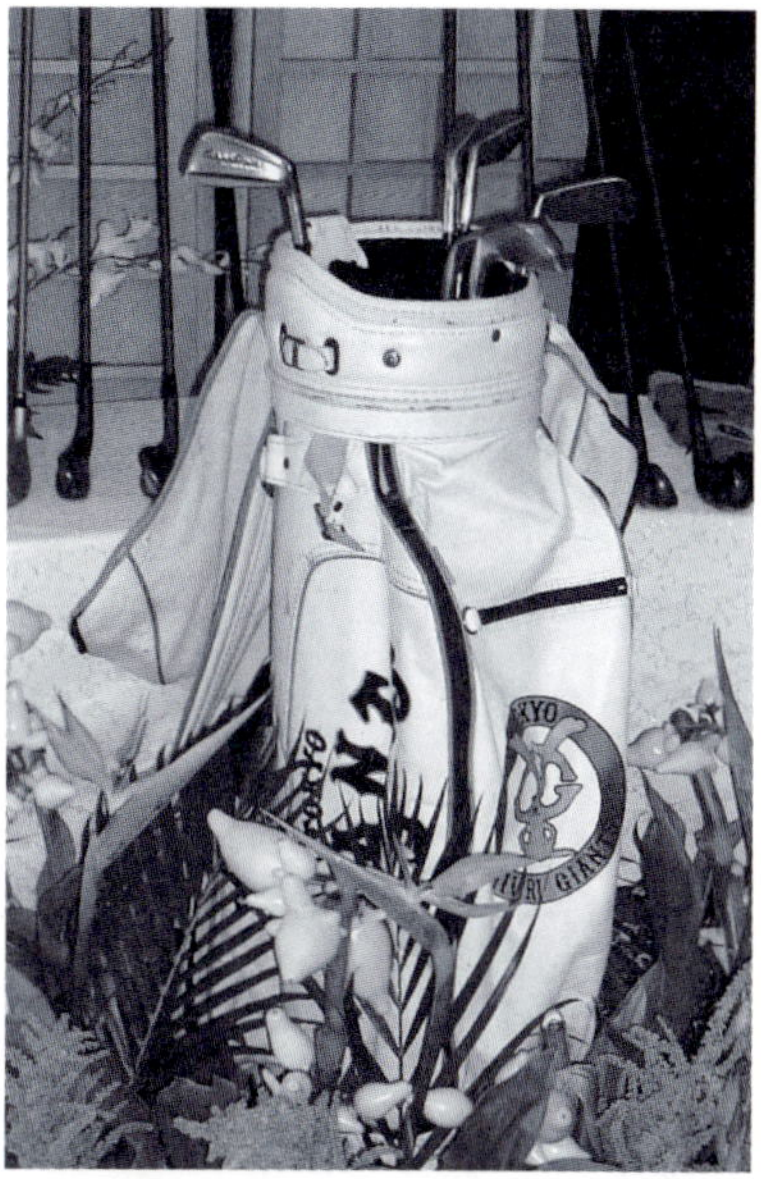

写真提供　有限会社サービスセンター白備

故人のイメージに合った引き物を選ぶ

引き物は、招待客への施主からの心づくしのことで、お別れ会では閉会時に手渡すのが一般的です。

品物は、ハンカチセットやレターセットなどがよく用いられますが、どのようなものでもかまいません。チョコレートやクッキーなどの菓子類、花瓶などの飾り物、故人がお酒が好きだった場合はそれにちなんでワインなどの酒類、釣り好きの人ならきれいなルアーなどを用意するのもいいでしょう。「故人が気に入っていたものです」などとひと言添えれば、受け取るほうもうれしいものです。

引き物は高価なものより、手ごろな値段で故人をイメージさせる品を選びたいものです。

お別れ会の準備と進め方

3

友人が主催するお別れ会のポイント

遺族の了承を得てから準備を進めることが大切

友人が主催するお別れ会でも、準備のしかたは遺族が主催する場合とほぼ同じです。ただ、友人の立場としてもっとも重視しなければならないのが、遺族に対する配慮です。遺族は、本来自分たちがすべきところを他人に代わって催してもらうという、心苦しさを感じていることもあり得ます。ですから、自分たちだけで勝手に準備を進めたりするのではなく、事前に遺族の了承を得ることが重要です。

演出などを考える際も、まず遺族の意向を聞いて、その思いをできるだけ取り入れるようにしましょう。

会費制で行われるお別れ会

友人が主催する場合は、会費制にするのがほとんどで、この会費には〝香典〟の意味が含まれています。案内状の発送や会場費、料理代、引き物など当日の諸費用だけでなく、遺族は招待するのが基本なので、その人たちの分も会費でまかなうことになります。

どのような会にするかによって総費用は大きく変わってきます。費用がかかりすぎると会費も高くせざるを得ませんから、参加者に負担がかからないように、費用をできるだけ抑えることも大切です。

そのほかに気をつけたいことは、引き物選びです。品物は基本的にはどのようなものでもかまいませんが（１３７ページ参照）、招待された遺族が参加者へのお礼として贈り物を用意していることがあります。その場合は、遺族を引き立たせる意味で、その贈り物より高額なものにならないように配慮することが必要です。

心からお別れができる温かい雰囲気に

お別れ会の成否を決めるのは、出席者全員が故人の冥福を心から祈ることができるかどうかにかかっています。華美にするよりも、故人の思い出の品や写真を飾るメモリアルコーナーを設けたり、ビデオを上映するなど、故人の人生を物語るように工夫してみましょう。

メモリアルコーナーの演出方法

●写真を飾る

夫婦や家族で旅行したときの写真など、プライベートな一面を披露するのも故人の人柄を表現する1つの方法

年代を追って飾ると、見る人がどの時代にかかわったのかがわかり、生前の故人に思いを馳せることができる

●略歴などを紹介する

故人がどのような人生を送ってきたかがわかるように履歴書を展示する方法も

感謝状や表彰状などを展示すると、故人の活躍ぶりを知ることができる

●ビデオを上映する

故人の懐かしい映像と音声で、生前の様子をよみがえらせる

●愛用品やコレクションを飾る

品物を通して人柄が垣間見られて、出席者同士の話も広がる

写真提供　有限会社サービスセンター白備

お別れ会の進め方と演出のしかた

進行プログラムを作成する

遺族主催でも友人主催でも、お別れ会の進め方に形式はありません。故人のイメージに合わせてプログラム（式次第）をつくりましょう。

会の規模や出席者の顔ぶれなどを考えて、基本的な式次第をアレンジしたり、オリジナルな演出を加えていくと印象的な会にすることができます。

お別れ会の所要時間は、2時間が一般的で、そのうち会食には1時間ほどをあてます。残りの1時間で弔《ちょう》辞《じ》や友人からのスピーチなどを盛り込むようにします。

メモリアルコーナーを設けた場合は、出席者がゆっくり見てまわることができるように、その分の時間もとるようにします。

無宗教式では祭壇に献花をするのが一般的

お別れ会では、焼香の代わりに献花が多く行われています。献花のほかに献灯をするケースも増えています。献花や献灯は式次第のどこで行ってもよいのですが、参加者の1人ひとりがゆっくり故人とお別れをするためには、ある程度時間的余裕をもたせたいものです。その意味でもプログラムの最初か最後に組み入れるとよいでしょう。

献花や献灯が必要ないと思えば、省略してもさしつかえありません。

お別れ会の進行例

①参加者入場
②献花　入口で花を受け取り、祭壇の遺影に献花する。
③着席　献花が終わった順に所定の席に着く。
④開会の辞
⑤幹事代表の挨拶　遺族主催の場合は施主が挨拶をする。
⑥友人代表弔辞
⑦献　杯
⑧会　食
⑨追悼コーナー　友人による故人のエピソード紹介。
⑩遺族代表の謝辞
⑪閉会の辞

主役はあくまでも故人 厳粛さを失わないように

親族だけで行う小規模なお別れ会はともかく、故人に縁があった人を招いてのお別れ会では、会場の雰囲気に注意します。

必要以上に堅苦しくする必要はありませんが、故人を見送るという厳粛さを失わないようにします。というのも、出席者はお互いに顔見知りのことが多く、思い出を語り合ううちに盛り上がって宴会風になることがあるからです。そのような不謹慎な雰囲気になると、とくに友人が主催する会では、お招きしている遺族に対して失礼になり、かえって悲しみをつのらせることになりかねません。主役は故人であることを忘れずに、進行役は場の雰囲気を壊さないように気を配る必要があります。

友人主催での幹事の挨拶例

本日は「○○○○さんを見送る会」に出席いただき、まことにありがとうございます。私はこの会の発起人で田辺聡と申します。

ご承知のように、○○さんは10月20日の早朝、心不全で永遠の眠りにつかれました。故人のご遺志により、ご家族だけでお見送りをなさいましたが、私ども元同僚や○○さんのご友人の方々から、最後のお別れをしたいという声があがり、ご遺族のご了承を得て、このような会を催すことになりました。

会場には、○○さんのお写真や趣味でつくられた作品の数々を展示してあります。○○さんのご活躍ぶりをしのんで、心ゆくまで語り合いたいと思います。どうぞ最後までごゆっくりお過ごしください。

遺族主催での施主の挨拶例

皆さま、本日はご多用にもかかわらず、夫・○○のためにお集まりいただき、ありがとうございました。

通夜・葬儀は、本人の遺志により、7月26日に身内のみにて執り行いました。

その後、多くの方々から、ぜひお別れ会をしたいとのお話をいただきました。

生前、夫が皆さまと親しくおつきあいをさせていただきましたことを思いますと、私も夫にお別れの場をもたせたい、皆さまともぜひお別れをしていただきたいと思い、このような会を設けたしだいです。

本日は、夫もこの会場に来ていることでしょう。どうぞ、お時間の許すかぎり、○○とともにお過ごしください。

ＢＧＭを効果的に使って雰囲気をつくる

会の雰囲気づくりに欠かせないのがＢＧＭです。

冥福を祈る場面では厳《おごそ》かな曲を、会食時には和やかな雰囲気になる曲を選ぶようにしましょう。

また、式のどこかで故人が好きだった曲を流すのもよいでしょう。亡き人にゆかりの音楽を流すことで、故人に対する惜別《せきべつ》の思いがより伝わります。

ＢＧＭにはテープやＣＤを使うことが多かったのですが、最近は生演奏を取り入れるケースが増えてきました。

あるお別れ会では、故人の孫たちが、フルートとバイオリンによる生演奏を行いましたが、これは出席者にとってもずいぶん印象深いものになったようです。

趣味の会代表の弔辞例

○○さんのご霊前に、青嵐俳句会を代表して謹んでお別れのことばを申し上げます。

○○さんの訃報に接し、私はすぐには信じられませんでした。

思えば、○○さんが発起人となって青嵐俳句会を結成してもう10年、当初4人でスタートした会もいまは40人になりました。

これも○○さんの尽力の賜物《たまもの》です。そんな○○さんが亡くなられ、私たちは寂しさでいっぱいですが、今後は○○さんが残した青嵐俳句会をさらに飛躍させるよう、会員一同が結束して受け継いでまいります。

○○さん、長い間本当にお世話になりました。心からご冥福をお祈り申し上げます。どうか安らかにお眠りください。

遺族代表の謝辞例

○○○○の妻の玲子です。本日は、夫のためにこんなに大勢の皆さまにお集まりいただき、ありがたく厚くお礼申し上げます。

また、このように盛大な会を催してくださった発起人の皆さまにも心から感謝申し上げます。

皆さまもご存じのように、夫はにぎやかなことが大好きでしたから、今日はどれほど喜んでいることでしょう。

私もあわただしさに紛れて夫のことをしのぶ余裕もありませんでしたが、皆さまのおかげで、夫の思い出話をすることができました。私の知らない一面なども聞かせていただくことができて、本当にうれしい思いをいたしました。

改めてお礼申し上げます。

お別れ会の演出

ホテル葬での祭壇例

写真提供
有限会社サービスセンター白備

生演奏を取り入れたお別れ会。CDで流すよりも、より出席者の心に響く。会場の雰囲気づくりにも大きな効果がある

写真提供
有限会社あるぶる音楽事務所

POINT

不祝儀の司会者は独特なテクニックが必要

お別れ会では、司会者の役割が大きなウエイトを占めます。会食では和やかに、追悼のコーナーでは厳かにといった具合に、そのときどきで会場の雰囲気にメリハリをつけることが重要だからです。

また不祝儀ならではの厳粛な雰囲気をつくるのも、司会者の腕しだいといえます。そのため、不祝儀の司会に慣れたプロの方にお願いするケースも多いようです。

自分たちで行うときは、次のようなことに注意しましょう。

- 声のトーンを低く抑える。
- 控えめな感じで話す。
- 出席者が故人を回想できるように、上手に間をとりながら話す。
- 不謹慎なことばや態度を慎む。

お別れ会に出席するときのマナー

招かれたら出席するのが原則

お別れ会に招かれたら、特別な用事がないかぎり出席しましょう。

お別れ会の場合は、会当日までに時間の余裕がないことが多いので、案内状を受け取ったらすぐに出欠の返事を出すのがマナーです。

案内状に弔《ちょう》辞《じ》やスピーチ依頼の旨が記されていた場合は、断ったりせず、当日までに準備しておきましょう。

どうしても出席できない場合は、返信はがきに欠席の理由を簡潔に書き、お詫びのことばを添えます。それとは別に、香典にあたる現金を不祝儀袋に入れ、「ご霊前」「お花料」などの表書きをして、現金書留で送るのもよいでしょう。

ただし、案内状に「香典・供物を辞退します」という記載がある場合は、主催者の意に従って、金品を送るのは控えます。

とくに記載がなければ香典を包む

遺族主催のお別れ会に出席する際は、案内状に香典や供物を辞退するという記載がなければ、香典を持参するようにします。

金額は故人または遺族とのつきあいの程度や会の規模にもよりますが、哀悼の気持ちと当日は食事が用意されていることを考え合わせて、1万円から2万円を目安にするとよいでしょう。

なお、お別れ会の多くは宗教儀式ではないので、不祝儀袋の表書きについてあまり気にする必要はありません。「御香典」「御香料」と書くのは仏式ですが、「お花料」でもかまいません。

一方、友人が主催するお別れ会で会費制の場合は、会費と別に現金を渡す必要はありません。また、会費は袋などに入れて出すとかえって受付の人の手間になるので、そのまま出します。

男性はブラックスーツ女性は黒のフォーマルドレス

お別れ会は告別式という意味合いが強いので、出席する際は喪服を着用するのが一般的です。

男性はシングルまたはダブルのブラ

ックスーツか、濃紺や濃いグレーのダークスーツ。白無地のワイシャツに、黒のネクタイ、黒の靴と靴下を着用します。カフスボタンをつける場合は、光沢のあるものは避けましょう（74ページ参照）。

女性の場合は光沢のない、黒のフォーマルドレスで黒の靴とストッキングを着用します（75ページ参照）。

バッグはシンプルな形で、黒か地味な色のものにします。アクセサリーは、真珠、黒真珠、黒曜石のネックレスとイヤリングをつけてもかまいません。ネックレスは一連のものにします。二連や三連のものは〝重なる〟につながるため、タブーとされています。指輪は結婚指輪・婚約指輪以外はつけません。

和服の場合は、地味な色無地の着物に、帯も地味な色を選ぶようにします。

なお、案内状に「平服で」と書かれていたときは、男性はダークスーツ、女性は地味なスーツかワンピースにします。「平服で」というのは、「正装でなくてもけっこうです」という意味で、ふだん着でよいということではありませんので、カジュアルな服装は控えましょう。

化粧は、アイシャドーやチーク（ほお紅）、マニキュアはつけず、口紅も唇の色に近いものにします。

遺族や幹事にひと言挨拶を

当日は開始時刻より早めに到着して、主催者に挨拶をします。友人が主催する場合は、幹事にお礼を述べます。

閉会後も主催者に必ず挨拶をしましょう。遺族主催なら「ご主人（故人）は本当に幸せな人生でしたね」といったことばをかけたいものです。友人主催なら、幹事や司会者にねぎらいのことばをかけましょう。

弔事でのアクセサリー

ネックレスはパールか黒曜石などを。二連や三連のものはタブー

髪飾りは黒いリボンや光沢のないバレットなどを

希望どおりのお別れ会を開くために

遺族の思いを形にしたお別れ会

故人が生前親しくおつきあいしていた人たちとのお別れの場をぜひ設けたい、感謝の気持ちを伝えたい――そんな遺族の思いで開かれるお別れ会。できるだけ故人をイメージできる会にしたいと考えるのも当然です。

近ごろは従来の形式にこだわらない、新しい演出やセレモニースタイルを取り入れて、遺族の思いを形にしたお別れ会が急増しています。

規模が大きいお別れ会は葬祭業者に頼むと安心

日時の決定から案内状の作成・発送、会の演出まで、お別れ会を開くためには相当の手間がかかります。とくに遺族が主催する場合は家族を亡くした悲しみと通夜・葬儀を執り行った疲れで、お別れ会の準備までは手がまわらないといった状態でしょう。そのようなときは、葬祭業者に任せると安心です。

もちろん葬儀を依頼したところに引き続きお願いしてもかまいませんが、葬祭業者にも得意不得意があるので、自分たちに特別なイメージがあり、個性的な演出を希望する場合は、何件かあたってみて、希望に添ってもらえそうな葬祭業者を探し出すといいでしょう。

そこで葬祭業者を選ぶときのポイントを紹介します。相談をするときに以下の点をチェックして、納得できる業者に依頼しましょう。

葬儀社選びのポイント

- お別れ会や無宗教葬などを多く手がけている
- 自社（葬祭業者）のスタイルを押しつけない
- 時間をかけて希望や費用など、要望をよく聞いてくれる
- 場所、日程、式のプログラムなど、具体的なプランを提案してくれる
- 花やキャンドルなどを使った、新しい演出方法の提案をしてくれる
- 生演奏など、これまでにない新しいスタイルを提案してくれる
- 画像を使うなど、提案の内容がバリエーション豊富である

6章

葬儀後の各種届け出・手続き

① 葬儀後の手続き早わかり

公的な年金・保険・税金に関する手続き

手続き事項	期限	手続き先
世帯主の変更 ●故人が世帯主であった場合	14日以内	市区町村役所
国民健康保険資格喪失届・保険証の返却 ●故人が国民健康保険の被保険者だった場合		市区町村役所
国民健康保険の葬祭費の申請 ●故人が国民健康保険の被保険者だった場合	2年以内	市区町村役所
健康保険（国保以外）の埋葬料の請求 ●故人が健康保険の被保険者だった場合		健康保険組合や社会保険事務所
高額療養費（70歳未満）の申請 ●自己負担額を超えた場合		国民健康保険は市区町村役所、健康保険は健康保険組合または社会保険事務所
健康保険の家族埋葬料の請求 ●故人が健康保険加入者の被扶養者だった場合		健康保険組合や社会保険事務所
国民健康保険加入手続き ●遺族が健康保険（国保以外）加入者の被扶養者だった場合	14日以内	市区町村役所
健康保険（国保以外）の被扶養者異動届 ●故人が健康保険加入者の被扶養者だった場合	5日以内	健康保険組合または社会保険事務所
年金受給停止手続き ●故人が年金受給者だった場合	すみやかに	市区町村役所あるいは社会保険事務所
国民年金・厚生年金の遺族年金などの請求 ●遺族が受給条件に一致した場合	5年以内	市区町村役所あるいは社会保険事務所

名義変更・解約などの手続き

所得税の準確定申告 ●故人が自営業もしくは年収2千万円を超える場合など	4か月以内	所轄の税務署
医療費控除の手続き	準確定申告と一緒に	所轄の税務署
介護保険の資格喪失届・介護保険証の返却 ●故人が65歳以上および介護保険証の交付を受けていた場合	14日以内	市区町村役所
ガス・水道・電気の名義変更 ●故人が契約者だった場合	すみやかに	所轄の営業所
NHK受信料契約者の変更 ●故人が契約者だった場合		NHK
住居の賃貸契約の名義変更 ●故人が契約者だった場合		大家、公社、公団など
電話加入権の名義変更 ●故人名義だった場合		所轄のNTT営業所
生命保険の請求 ●故人が加入していた場合	早めに※契約書で確認	各保険会社
死亡退職届の提出 ●故人が会社勤めの場合	すみやかに	故人の勤務先
クレジットカードやデパートの会員権の解約・脱会 ●故人が会員だった場合		各会社
運転免許証の返却 ●故人が運転免許証を持っていた場合		所轄の警察署
パスポートの返却・無効の手続き ●故人が取得していた場合		各都道府県の旅券課
携帯電話・プロバイダーなどの解約手続き ●故人が契約していた場合		各会社

世帯主が亡くなったときの名義変更

市区町村役所への世帯主の変更届

世帯主が亡くなった場合は、死亡後14日以内に、新しい世帯主が居住する市区町村役所に「世帯主変更届」を出さなければなりません。

新たな世帯主は同じ住民票原本に載っている人で、基本的にその家の生計を維持する人がなります。

ただし、残された家族が1人だったり、妻と幼い子どもだけというように、新しい世帯主が明らかな場合は、変更届は必要ありません。

変更届を出せるのは、原則的に本人および同居の家族に限られていますが、委任状があれば代理人でも届出できます。

公共料金の名義変更と自動引落し口座の変更

ガス、水道、電気などの公共料金やＮＨＫ受信料の契約者が亡くなった場合も名義変更を行います。とくに期限が決まっているわけではありませんが、できるだけ早めに行いましょう。

手続きは、それぞれの所轄の営業所へ電話で申し出るだけですが、その際、お客さま番号がわかっていると余分な手間をかけることなく、簡単にすますことができます。

なお、お客さま番号および所轄の営業所の電話番号は、毎月送られてくる使用量や料金などの通知書に書かれています。

また、支払いが故人名義の口座から自動引落しされている場合も、名義変更とともに引落し口座の変更手続きが必要です。故人の口座は、その人の死亡が金融機関に伝わると封鎖されて引き落とせなくなるので、変更手続きは早めに行いましょう。

住まいの賃貸契約の名義変更を行う

賃貸住宅の場合、引き続き賃貸契約を継続するときは名義変更が必要です。民間の賃貸マンションなどの場合は、通常はわずらわしい手続きはなく、家主に連絡をして契約書の名義を変更してもらうだけでかまいません。借地の場合も同様に名義変更を行います。

公団や公営住宅は、一定の手続き

名義変更の手続きと必要書類

手続きの種類	窓口	期限	必要書類
世帯主変更	居住地の市区町村役所	死亡から14日以内	印鑑、身分証明書(保険証や運転免許証など)
ガス、水道、電気 NHK受信料	各所轄事業所	早めに電話で申し出る	とくになし。「お客さま番号」がわかっていると手続きがスムーズ
公団、公営住宅の名義変更	所轄の営業所 管理事務所	すみやかに	戸籍謄本、住民票、名義継承願、所得証明書、印鑑証明書など
電話加入権の名義変更	所轄の営業所の窓口	すみやかに	故人（被相続人）の戸籍（除籍）謄本（死亡診断書の写しでも可）、新しい名義人（相続人）の戸籍謄（抄）本、新しい名義人の印鑑

●印鑑証明書や戸籍謄本などは、手続きの種類によって有効期限が定められているものがありますから、注意が必要です。

が必要になります。手続きの方法や用意する書類などの詳細は所轄の管理事務所や営業所窓口へ問い合わせて確認しましょう。

預貯金、債権、株券など そのほかの手続き

預貯金、債権、株券、不動産（土地・建物・山林・農地など）、自動車、生命保険など、一般に相続財産に当たるものは、正式に遺産相続が決まるまで名義変更はできません。

ただし、同じ相続遺産でも電話加入権は、遺族が引き継ぐ場合は、すぐに名義変更（継承）の手続きをすることができます。期限は決められていませんが、なるべく早く手続きをしましょう。

手続きは、所定の書類に記入のうえ、戸籍謄本などの書類を添付して、所轄の営業所窓口に提出します。

③

健康保険・国民健康保険の手続き

埋葬料・葬祭費の申請・請求をする

国民健康保険や健康保険（政府管掌健康保険や組合管掌健康保険、共済組合、船員保険）の加入者（被保険者）が亡くなったときは、該当する窓口に申請をすると、埋葬料または葬祭費が受けられます。

●健康保険の場合

埋葬料という名目で、故人によって生計を維持していた遺族に5万円が支給されます。

もし身寄りがいないなどで、葬儀費用を遺族以外の人が負担して執り行った場合は、負担した人に埋葬料の範囲内で実費が支給されます。この場合はかかった費用の領収書が必要になります。

ちなみに、故人が加入者の扶養家族の場合は、加入者に家族埋葬料として5万円が支給されます。

●国民健康保険の場合

喪主など、葬儀を執り行った人に、葬儀の費用として一定額が支給されます。東京都ではこの費用のことを葬祭費といいますが、名称や金額は各自治体によって異なります。

会社員が勤務中に亡くなった場合は

会社員が業務上の事故や通勤途中の事故で亡くなった場合は、健康保険からではなく、労働者災害補償保険（労災保険）から葬祭料と遺族補償給付が受けられます。

葬祭料は葬儀を執り行った人に、遺族補償給付は故人によって生計を維持されていた遺族で、一定の条件を満たした場合に支給されます。

遺族補償給付には、①遺族補償年金、②遺族特別支給金（一時金）、③遺族特別年金の3つがありますが、受給するための一定条件を満たしていない場合は、遺族特別支給金と遺族補償一時金、遺族特別一時金が支給されます。

健康保険加入者の被扶養者だった場合

健康保険の加入者が死亡すると、その翌日から被扶養者も同様に資格を喪失するので、被扶養者は新たに国民健康保険に加入しなければなりません。国民健康保険の加入手続き

健康保険・国民健康保険の各種手続きと必要書類

	手続きの種類	窓口	期限	必要な書類など
健康保険の加入者	埋葬料の請求	健康保険組合または社会保険事務所	2年以内	埋葬料請求書、健康保険証、死亡診断書の写し、または埋葬許可証、印鑑 ＊遺族以外が請求する場合は、葬儀費用の領収書も必要
	家族埋葬料の請求			家族埋葬料請求書、健康保険証、死亡診断書の写しまたは埋葬許可証、印鑑
	高額療養費の申請			高額療養費支給申請書、医療費の領収書、健康保険証、印鑑
	国民健康保険への新規加入	市区町村役所	14日以内	資格喪失証明書または故人の死亡退職証明書
国民健康保険の加入者	葬祭費の支給申請	市区町村役所	2年以内	葬祭費支給申請書、国民健康保険証、葬儀費用の領収書
	高額療養費の申請			高額療養費支給申請書、医療費の領収書、国民健康保険証、印鑑

は、死亡した翌日から14日以内に、居住している市区町村役所で行います。もし加入手続き前に医療機関にかかると、その費用はすべて自己負担になるので注意が必要です。

高額療養費・高額医療費の申請をする

故人が70歳未満で、1か月単位の医療費の自己負担額が一定の金額を超えると、超過した金額が払い戻されます。これを高額療養費制度といいます。自己負担額の限度額は、標準報酬月額が56万円以上（加入者および被扶養者の合計額）の上位所得者、一般、住民税非課税世帯の3段階に分かれています（平成18年現在）。

故人が70歳以上の場合は、「高額医療費」となります。高額療養費とは自己負担の限度額の設定のしかたが異なり、定額になります。

4

国民年金・厚生年金の手続き

故人が年金を受給していた場合は停止手続きを

故人が国民年金や厚生年金の受給者だった場合は、年金の受給停止の手続きを行わなければなりません。

手続きをしないで受給し続けると、死亡の事実がわかった時点で一括して全額を返還することになります。そうなると手続きも面倒になるので、すみやかに停止手続きをしましょう。

未支給の年金がある場合は請求手続きをする

年金の支給は2か月に1回なので、死亡時点で受け取っていない年金がある場合があります。そのようなときは、受給の停止手続きと同時に給付請求をすることができます。請求できる人には優先順位があり、故人と生計を共にしていた配偶者、子、父母、孫、祖父母の順になります。

遺族がもらえる遺族年金や一時金とは

遺族は一定の条件を満たせば、遺族年金や一時金などを受け取ることができます。

それらは、故人がどのような年金に加入していて、受け取る遺族がだれか、さらに遺族の年齢などによって異なってきます。詳細は該当窓口で確認しましょう。

なお、遺族年金や一時金は申告制になっています。遺族が請求しないともらえないので注意が必要です。

受給できる遺族年金・一時金は次のとおりです。

●国民年金被保険者の場合

国民年金第1号被保険者（次ページ参照）が対象で、遺族基礎年金・寡婦年金・死亡一時金のうちの1つ

●厚生年金・共済年金被保険者の場合

国民年金第2号被保険者（次ページ参照）が対象で、遺族厚生年金と遺族基礎年金または中高齢寡婦加算

●老齢基礎年金受給者の場合

遺族基礎年金

●老齢厚生年金受給者の場合

遺族厚生年金と遺族基礎年金または中高齢寡婦加算

※厚生年金被保険者の配偶者第3号被保険者は、年金、一時金の支給なし

遺族年金等の請求手続きと必要書類

手続きの種類	窓　口	期　限	必要な書類など
遺族基礎年金給付の請求	市区町村役所	5年以内	① 遺族基礎年金裁定請求書 ② 被保険者の年金手帳 ③ 故人の除籍謄本 ④ 死亡診断書 ⑤ 請求者と故人との身分関係を証明できる戸籍謄本 ⑥ 故人と請求者を含む住民票 ⑦ 請求者の前年度収入850万円未満を証明できるもの
寡婦年金給付請求	市区町村役所	5年以内	① 寡婦年金裁定請求書 上記の②～⑦
死亡一時金給付の請求	市区町村役所	5年以内	① 死亡一時金裁定請求書 上記の②～⑦
遺族厚生年金給付の請求	社会保険事務所	5年以内	① 遺族給付裁定請求書 上記の②～⑦
中高齢寡婦加算金給付の請求			特別な手続きはなし

国民年金の種別

種　類	対　象　者
第1号被保険者	農林漁業従事者、自営業・自由業者、左記の配偶者、学生フリーター、勤務先に被用者保険制度がない人などで、日本国内に住所のある20歳以上60歳未満の人
第2号被保険者	サラリーマンやOL、公務員などの給与所得者（厚生年金か共済組合の加入者）
第3号被保険者	サラリーマンや公務員の妻など、第2号被保険者に扶養されている20歳以上60歳未満の人

5

生命保険の手続き

申告しないと支払われない死亡保険金

死亡した人が生命保険や簡易保険に加入していた場合は、死亡保険金の支払いを請求します。これらの保険金は受取人が請求しないかぎり支払われません。

保険金の支払いを請求するためには、故人がどのような保険に加入していて、受取人がだれになっているのかを確認する必要があります。

もし、受取人が故人本人になっていたり、指定されていないときは、相続財産になります。その場合は、遺産相続が正式に決定されるまで保険金を請求することができません。

また、故人が勤務先で団体生命保険に加入している場合は、受取人など、契約がどのようになっているのかを勤務先に確認しましょう。

保険金請求と特約の手続き

生命保険の保険金請求手続きは、生命保険会社によっては期限を「死後3年以内」と定めているところもありますが、一般的には1～2か月のうちに行われます。

手続きは、まず生命保険会社や郵便局に保険金請求の旨を伝えます。被保険者（故人）名や証券番号を聞かれるので、あらかじめ保険証券を用意しておきましょう。その後、送られてきた書類に記入し、ほかの必要書類を添付して提出します。

生命保険に加入した際、入院給付金や医療給付金などの特約をつけていることもあります。保険証券を確認して、特約の契約がされていた場合は、保険金の請求手続きをするときに、一緒に請求します。

住宅ローンと団体信用生命保険

故人が住宅ローンを組んでいたときは、団体信用生命保険の契約をしていたかどうかを確認します。

団体信用生命保険とは、住宅ローンの契約者（債務者）が返済中に死亡した場合に、ローン残金と同額を保険会社が支払うもので、住宅ローンを組むときには、団体信用生命保険の契約をするのが一般的です。

生命保険の死亡保険金請求の手続きと必要書類

手続き窓口	期　限	方　法	必要なもの
加入している生命保険会社の窓口 ＊簡易保険は郵便局	契約内容を確認。1～2か月以内に請求手続きが行われるのが一般的	窓口に電話連絡をして、送られてきた書類に必要書類を添付して送る	各保険会社所定の死亡保険金申請書、保険証券、死亡診断書、被保険者（故人）の除籍謄本または戸籍抄本か住民除票、保険金受取人の戸籍謄本（抄本）、印鑑登録証明書など

死亡保険金に課される税金例

保険契約者（保険料負担者）	被保険者（死亡者）	受取人	税　金　の　種　類
夫	夫	妻	妻に相続税（相続税の非課税の適応あり）
夫	夫	子	子に相続税（相続税の非課税の適応あり）
妻	夫	妻	妻に所得税（一時所得）
妻	夫	子	子に贈与税

死亡者と保険料負担者が同一人の場合は「相続税」、保険料負担者と受取人が同一人の場合は「所得税」、保険料負担者も死亡者も受取人も異なる場合は「贈与税」がかかる

なお、団体信用生命保険に加入していた場合は、死亡と同時に住宅ローンは完済されたことになるので、故人の債務にはなりません。しかし、そのため相続税の債務控除も受けられないことになります。

死亡保険金には税金がかかる

生命保険の死亡保険金には、税金がかかります。課される税金は相続税、所得税、贈与税のうちの1つで、どの税金がかかるかは、保険料を支払った人や、保険金を受け取る人によって変わってきます。

相続人が取得した生命保険のうち、一定額（法定相続人1人あたり500万円）までは相続税は非課税になります。そのほかにも控除が受けられることがありますから、税理士など専門家に相談するといいでしょう。

税務署への確定申告・医療費控除の申告

亡くなった人の確定申告をする

通常は、その年の1月1日から12月31日までの所得を、翌年税務署に申告しますが、年の途中で亡くなった場合は、1月1日から死亡した日までの所得を計算して、居住地の税務署に申告します。これを準確定申告といいます。

●故人が会社員だった場合

死亡した人が会社員などの給与所得者だった場合は、一般的に、死亡退職した時点で、会社がその年の給与に関して年末調整を行います。給与以外の収入がない場合は、準確定申告をする必要はありません。

もし、年末調整されていない場合は源泉徴収票をもらって申告し、源泉調整額の還付を受けます。

●故人が自営業だった場合

故人が自営業や自由業などの場合は、準確定申告を行います。1月1日から3月15日の間に亡くなった場合は、前年度の確定申告も同時に行うことになります。

法定相続人が申告と納税を行う

準確定申告と税金の支払いは、法定相続人が行います。法定相続人が複数いる場合は、基本的に全員の連名で申告をします。納税は、相続分に見合った金額をそれぞれが負担します。

なお、負担した税額は相続財産から債務として控除されます。また、申告によって還付された場合は、その還付金は未収金として相続税の対象になります。

準確定申告は税務署で準確定申告用紙をもらい、それに記入して提出します。その際、故人の死亡日までの決算書（会社員の場合は源泉徴収票）、所得の内訳、医療費の領収書などの必要な書類を添付します。

社会保険料や生命保険料、医療費などは、所得税の控除対象になりますが、それぞれ死亡日までに支払ったものに限られます。

死亡した日までの医療費控除の申告をする

故人の医療費控除は、死亡した年の1月1日から死亡した日までに、

所得税の準確定申告の手続きと必要書類

手続き窓口	期　限	必要な書類
故人の居住地の所轄の税務署	4か月以内	故人の決算書（死亡した年の1月1日から死亡日までのもの。給与所得者の場合は源泉徴収票）、所得の内訳書、生命保険・損害保険の控除証明書、医療費の領収書、相続人の認印、申告する人の身分を証明できるもの（保険証や運転免許証など）

控除の対象となる主な医療費

- 医師や歯科医師に支払った診察費や治療費
- 入院や通院のために使用した交通費
- 入院の部屋代、食事代、医療器具購入代
- 寝たきりの状態で、医師がおむつ使用証明書を発行した場合のおむつ代
- 治療、療養のために購入した医薬品の費用（薬局で購入したかぜ薬や鎮痛剤などの費用も含む）
- 治療のためのマッサージ、指圧、鍼灸などの施術費
- 療養上の世話を受けるために保健師や看護師に支払った費用

本人および家族が支払った医療費全額が対象になります。

その金額（自己負担額）が10万円以上の場合（年間所得２００万円以下の場合は所得額の５％）は、２００万円を限度額として、それを超えた額が所得から控除されます。

医療費控除の申告には、実際に支払った医療費の領収書を準確定申告書に添付するか、提出する際に提示しなくてはなりません。

そのほか、医療費が高額な場合は明細書の添付なども必要になります。

控除の対象となる医療費は、診察や治療にかかった費用のほかおむつを使うことを認めた医師の証明書があればおむつ代も医療費に含まれます（上表参照）。

いずれも、領収書の日付が死亡日以降のものは控除の対象にはならないので、注意が必要です。

●著者

杉浦 由美子（すぎうら ゆみこ）

1957年東京都生まれ。玉川学園短期大学保育科卒業。幼稚園教諭を経てテレビ局に勤務。結婚を機に退職。その後、葬祭業務のコンサルタント会社にて実務経験を積み、独立。現在、「お葬式と仏事の相談センター　株式会社青山サテライトサービス」の代表として葬儀に関するサポートを行うかたわら、「ＮＰＯ法人　日本ニーム協会」の理事を兼務。葬祭業務に携わる人や一般の人を対象とした葬儀勉強会の講師としても活躍中。

河嶋 毅（かわしま たけし）

1944年兵庫県生まれ。早稲田大学第一政経学部卒業。日本労働組合総評議会職員、出版社勤務などを経て、「ＮＰＯ家族葬の会」の代表理事となる。同会は適正料金で安心して葬儀を実現できるように、葬儀に関する相談から葬儀執行まで幅広い運営を行っている。
現在のサービス提供地域は、東京都、神奈川県東部、千葉県北部、大阪市、三重県四日市。より多くの人に「安心」を届けるためにサービス提供地域を拡大中。

●執筆協力／芳賀昌子 吉村由利子
●本文ＡＤ／GRiD（八十島博明 船渡川沙保）
●イラスト／うかいえいこ（ＭＳ企画） 奥田浩美
●編集協力／株式会社文研ユニオン（担当＝堀）

よくわかる
家族葬のかしこい進め方

2016年1月21日　発行

著　者　杉浦由美子
　　　　河嶋　毅
発行者　佐藤龍夫
発行所　株式会社　大泉書店
住所・〒162-0805　東京都新宿区矢来町27
電話・(03)3260-4001(代)　／FAX・(03)3260-4074
振替・00140-7-1742
印刷・半七写真印刷工業／製本・植木製本所

落丁・乱丁本は小社にてお取り替えいたします。
本書の内容についてのご質問は、ハガキまたはFAXでお願いします。
URL　http://www.oizumishoten.co.jp

ISBN978-4-278-03535-3 C0077　R77